短线掘金
从入门到精通【实战详解】

私募基金职业操盘手　**康成福**　著

图书在版编目（CIP）数据

短线掘金/康成福著.--上海：立信会计出版社，2015.8

（擒住大牛/荣千主编）

ISBN 978-7-5429-4657-7

Ⅰ.①短… Ⅱ.①康… Ⅲ.①股票投资－基本知识 Ⅳ.①F830.91

中国版本图书馆CIP数据核字(2015)第107188号

策划编辑　蔡伟莉
责任编辑　蔡伟莉　张　寻
封面设计　久品轩

短线掘金

出版发行	立信会计出版社
地　　址	上海市中山西路2230号　　邮政编码　200235
电　　话	（021）64411389　　传　真　（021）64411325
网　　址	www.lixinaph.com　　电子邮箱　lxaph@sh163.net
网上书店	www.shlx.net　　电　话　（021）64411071
经　　销	各地新华书店
印　　刷	廊坊市华北石油华星印务有限公司
开　　本	787毫米×1092毫米　　1/16
印　　张	15.5　　插　页　1
字　　数	245千字
版　　次	2015年8月第1版
印　　次	2016年3月第2次
书　　号	ISBN 978-7-5429-4657-7/F
定　　价	42.00元

如有印订差错，请与本社联系调换

前言
preface

短线是天堂还是地狱？在证券市场上，有太多充满困惑和无奈的人们。笔者从事股票投资15年有余，因为工作性质的关系，比一般人更多地目睹了这个市场的跌宕起伏，也亲眼见证了一批批短线客走向富有与成功，但更多的是失败者。本人将自己对短线交易的一点拙见整理成文，希望能对徘徊与迷惑的朋友有所帮助。我知道，在这个市场上大多数人注定是要失败的，如果我的文章能帮助十之一二的朋友走出困境，就是我莫大的成就。

本书为你带来股市短线投资的制胜秘诀，包括短线交易的原则、短线交易的看盘工具、短线交易的事前训练、短线交易的资金管理、短线交易的操作秘诀和短线交易的盯盘技巧等，让你尽享赢家乐趣，坐看股市风云。

本书配备的实例所采用的股价走势图都是盘中实时截取的，是对过去发生的走势的真实记录，使读者有身临其境的感觉。有许多珍贵的股价走势镜头仅仅是一瞬间的事件，在目前常用的分析软件中很难重现。本书大量再现这些历史镜头，使读者能对这些突发性的上升瞬间和下跌瞬间进行反复的学习、理解、记忆和训练，以便在今后实战中熟练运用。军事学院是通过过去的真实战例进行教学，而本书是通过过去的真实股例进行教学，从某种意义上说它们都是为了培养学员的未来实战能力。

　　尽管本书理论的内涵是丰富的,但是表述尽量采用简单的方法。避免复杂的计算公式和深奥的专业术语,由表及里,深入浅出,把原来复杂而难以表述的图形冠以大众喜闻乐见的名称,从而使不同文化层次的股民乐于接受、容易理解和方便记忆。

　　希望股民朋友能发现它是您所得到的一本授之以渔的书。

短线交易前的准备

第1招	盘点短线交易风险	2
第2招	设定短线交易原则	4
第3招	资金管理有要求	6
第4招	严格遵守纪律	8
第5招	提高心理素质	9
第6招	先用小资金训练	10
第7招	选择合适的环境和时机	12
第8招	建立自己的交易操作系统	14
第9招	避开15大心理误区	16
第10招	避开15大交易误区	20
第11招	做好交易计划	24
第12招	写好交易日志	26
第13招	树立正确财富观念	28
第14招	培养良好心态	30
第15招	训练12种素质	32
第16招	排解短线交易压力	36
第17招	了解影响获利的因素	38
第18招	明确交易策略	41
第19招	培养交易风格	43
第20招	作完整的技术分析	44
第21招	读懂江恩守则24条	46
第22招	注重资金管理	48
第23招	理顺资金管理3个方面	50

开盘短线交易及盯盘技巧

第24招	开盘短线交易4阶段	54

第25招	开盘概念板块分析	55
第26招	开盘K线分析	57
第27招	开盘数据分析	59
第28招	分析主力资金性质	61
第29招	开盘短线交易寻规律	63
第30招	超级大户可做一回超级短庄	66
第31招	如何快速看盘	68
第32招	短线盯盘技巧	71
第33招	短线如何看大盘	73
第34招	短线如何看个股	75
第35招	尾市盯盘技巧	79
第36招	总结短线买入点	81
第37招	总结短线卖出点	83

顺势淘金，顺时介入

第38招	牛市短线选股策略	88
第39招	熊市逆市淘金策略	90
第40招	暴跌之下有机会	92
第41招	抢反弹有讲究	95
第42招	调整行情中淘金策略	97
第43招	平衡市道中淘金策略	99
第44招	震荡行情中淘金策略	101
第45招	短线追涨有技巧	104
第46招	短线必选时	106
第47招	短线入场前的判断	108
第48招	短线离场前的判断	110
第49招	买在收市前	112
第50招	抓住股价回档机会	113
第51招	除权前后多关注	114
第52招	避开黑色星期一	116
第53招	岁末年初机会多	117
第54招	短线套牢有应对	119

拉升行情不踏空

第55招　判断底部启动行情 122
第56招　判断初升行情 124
第57招　判断主升行情 126
第58招　判断上涨行情的真假 127
第59招　判断突破是否有效 129
第60招　判断上涨气势强弱 131
第61招　判断股价持续长短 133
第62招　判断走势是否极端 135
第63招　拉升阶段坐轿策略 136
第64招　区分拉升和试盘 138
第65招　区分初升和主升 140
第66招　区分拉升和诱多 141
第67招　把握拉升K线特征 142
第68招　把握拉升分时走势图特征 144
第69招　把握拉升指标特征 146
第70招　把握拉升波浪特征 148
第71招　把握拉升直线形态特征 149
第72招　把握拉升价量关系特征 151
第73招　把握拉升速度特征 153
第74招　把握拉升涨停板盘口特征 155
第75招　分析缩量和放量涨停 157
第76招　分析打开涨停板 159
第77招　涨停又开板如何应对 162
第78招　关注涨停板的机会和风险 165
第79招　如何抓住拉高型涨停 167

出货行情早逃顶

第80招　分析出货见顶征兆 172

第81招　分析主力高位派发手段 175
第82招　分析主力中位派发手段 177
第83招　分析主力低位派发手段 179
第84招　分析见顶日K线盘口特点 181
第85招　分析出货分时走势图盘口特点 182
第86招　分析见顶价量关系 186
第87招　人气狂热多警惕 189
第88招　天量见天价 191
第89招　快速回落要离场 193
第90招　分析出货时指标特点 195
第91招　分析出货时K线组合特点 197
第92招　如何判断圆形顶 198
第93招　如何判断潜伏顶 199
第94招　如何判断尖顶 200
第95招　如何判断双重顶 202
第96招　如何判断倒N顶 203
第97招　如何判断变异三重顶 204
第98招　如何判断头肩顶 205
第99招　如何卖个短线好价钱 207
第100招　追求短线交易的最高境界 209

短线心法盈利口诀欣赏

口诀1：两阳夹一阴，看涨可放心 212
口诀2：空方炮，跌信号，此时不跑就被套 215
口诀3：脱线切记不跟盘，八爪线时不介入 218
口诀4：黄昏十字星，不走被套蒙 221
口诀5：骤跌并排红，此股继续熊 224
口诀6：底部三星线，买入有钱赚 227
口诀7：曙光初现地平线，抢点筹码是理念 231
口诀8：底部身怀六甲，试探抢入筹码 235

短线交易前的准备

第1招　盘点短线交易风险

短线交易者面对每天的涨停板都会心动，对于连续的涨停板更是羡慕不已，但是，一旦真正涉足，则常常亏损累累，不堪重负。要成为一个短线高手就必须对面临的风险有所了解，一般来说，短线交易往往要面临四个方面的风险。

1. 盘中走势陷阱

贪婪与恐惧是绝大多数人的弱点，盘中主力常常会利用短线交易者的贪婪心态，将初拾小惠而又自信满满的短线交易者送进"云端"；又常常利用短线交易者的恐惧心理，将胆战心惊而又懵懂无知的短线交易者踢出"电梯"。

只要是短线交易者能够看得到的指标，主力都有做假的机会，包括K线图、成交量、成交笔数、内外盘、委托买卖盘、分时走势图等，都会在主力的股票、资金、信息、技术等绝对优势下，变得扑朔迷离和诡秘难辨。

2. 盘中技术缺失

身在一个随时可能被主力操控的微型趋势中，短线交易者常用的分析技术会受到很大的考验，这同中、长期交易方式是截然不同的。对于中、长期交易方式而言，无论主力在微型趋势里怎么反复，最终股价还是会向既有的方向前进，主力骗得了一时，骗不了一世；而对于短线交易者而言，需要具备四个方面的能力：一是要有极为敏感的信息处理能力；二是要有整体性和连贯性的思考方式；三是要有极为熟练的技术分析水准；四是要有极为丰富的识伪能力。显然，这样的技术要求只有少数勤奋钻研的短线交易者可以具备。

3. 盘中策略欠缺

在中、长期交易方式中，如果短线交易错过了进、出场点，那么以后往往还有机会；可是在短线交易中，往往容不得有丝毫的犹豫；一步错，可能步步错，一招失，可能招招失。有的短线交易者只会买入，不会卖出；或只会持仓，不会止损；这些都不是完善的交易技术体系的体现。盘中短线交易是一个完整而严密的技术体系，在进行盘中短线交易时，短线交易者必须有明确的进场位、出场位、加码位和止损位，以及良好的交易心态和交易素质。没有这种严密的短线交易体系作为保障，短线交易的风险率和失败率将大幅提高。

4. 错过大幅盈利机会

由于短线交易者是冲着股票可以突发猛涨而去的，一旦股价出现了预期中的调整，短线交易者就会抛弃该股而另择机会。但是，短线交易者可能还没有在其他的个股上获得收益，被抛弃的股票却反而快速度过了整理期后开始一路飙升，使短线交易者错失更大的营利机会。在短线交易者不断进行短线操作时，会遇到赢利、持平、亏损三种局面，再扣除频繁交易所应付出的印花税和交易佣金后，真正能够获取的利润不会太多；但如果在牛市里，至少会有10只股票的年度盈利在500%以上，可见，当牛市来临时，短线操作的策略就会变得不合时宜。

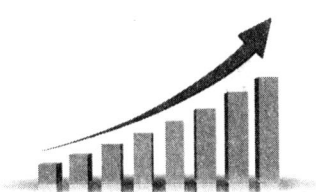

第2招　设定短线交易原则

短线交易所累积的收益是令人羡慕的，但是其风险也是巨大的。要想成为一名稳定的短线盈利高手，就必须遵循以下几个原则。

1. 不要频繁操作

美国证券投资家Edwin Lfever曾经说过：有一种十足的傻瓜，他们无时不刻不在犯错；但有一种华尔街傻瓜认为，在任何时候他都必须进行交易。可见，不是什么时候都适合于做短线交易的，即使是在熊市和震荡市，也不是天天都有交易机会。做任何事情，如果想要成功就必须讲究天时、地利、人和，顺势而为，短线交易同样如此。只有当短线交易者所预期的交易环境出现时，只有当市场所提供的机会远大于风险时，才值得短线交易者进场。短线交易的目的是寻求最佳的市场机会，而不是所有的市场机会，这一点，是重中之重。

2. 择股不如择时

"择股不如择时"是股市里的谚语，就是说短线交易者只有看到了某概念的出现、某板块的群起、某资金流的激进等有利时机时，才可顺势而为，入场交易。至于选择什么股票反而是第二位的事，因为只要是能赚钱的低风险机会，往往来自于整个市场或某一板块，而不是来自于某一只股票。所以，做短线交易要有耐心，要能心定神闲地等待介入时刻的到来。做投机的大忌是心浮气躁，瞎猜乱撞，这样会使短线交易者丧失理智，决策失误。但在等待的时间里，短线交易者应随时注意行情变动，时时进行分析思考。

3. 重势而不重价

短线交易必须密切关注趋势，包括大盘趋势和个股走势，而不要过多地关注股票的价格。即使是已经涨得较高的股票，如果综合分析显示其还有继续上攻的能力，那么其作为短线产品仍然可以买进；反之，即使是价格很便宜的股票，如果没有上涨的趋势也不能介入。自然界和股市都遵循"强者恒强、弱者恒弱"的规律。一些股票之所以能维持上涨，是由于"上涨"本身把它的股性激活了，因此只需要很少一点力就可以使其继续走强；而另一些股票之所以不长期上涨，则是因为股性呆滞，缺乏市场人气。

4. 勿把短线变中线

有一些短线交易者，一旦被套就会把短线交易变成中线交易，为的只是不将账面浮动亏损转化为实际亏损，但这种做法很不明智。第一，这是明显违反短线交易原则的做法，一旦违反了第一次就会有第二次，将会形成破坏交易规则的恶性循环；第二，做短线就是看"势"，既然人气和资金的"势"都不存在了，那么继续捂股的亏损概率就会很高；第三，如果被套的股票将来可以解套，往往其他个股会在同期上涨更多，因为它们早已把"势"吸引过去了；第四，做短线讲究的是追高建仓，这和做中、长线的逢低吸纳是两码事，这样的追高建仓行为，会导致解套的时间比较长，使本该流动的资金被困死一方。

5. 短线交易不是目的

在证券市场上，常有"长线是金、短线是银"的说法，其实长线既不是金，短线也不是银，它们都是一种获利的方法。用得好，则都是金；用不好，则都是泥。短线交易者不能为了做短线而做短线，要知道，短线交易仅仅是一种获利的方法，而不是我们交易的目的。也就是说，短线交易者要视大盘特定情况展开短线操作，当情况更有利于中线交易时，应选择中线交易的方法；当大盘的获利概率变得非常小或不确定时，短线交易者最好什么也不做，袖手旁观。

第3招　资金管理有要求

1. 常识性要求

（1）普通短线交易者的短线交易属于跟风操作，所以资金量不能太大，一般宜在1 000万元以内。

（2）资金使用的原则是大钱分散、小钱集中，即大资金须讲究投资组合，小资金须集中持股。

（3）小资金进、出场方便，可强调明确的进、出场点位，甚至可以要求在当日最低点进场，在当日最高点出场；但大资金则应讲究进、出场的价位区间，不能固执地等待最高点或最低点。

2. 持股的要求

（1）在大盘背景良好的前提下，只有少于500万元的资金且该笔资金有短期盈利要求的时候，才可以考虑一次性满仓操作。否则，都应该采用分批的方式进场。

（2）无论大盘好坏，大于500万元以上的资金量应采用分批或分股的原则进行交易。前者是指看好某只股票后可分批加仓，后者是指可以将剩余资金购买其他股票，以分散风险。但总体原则是必须保留有可以流动的资金，使自己处在进可攻、退可守的主动位置。

（3）即使短线交易者有1亿元的资金，在短线交易的持股上最多也不要超过3只，更多的资金要么活用，要么考虑中线持股。短线交易本就是瞬息万变，超过3只以上的股票，短线交易者很难在盯盘的时候不出差错，何况每天还有那么多涨停的股票在刺激着神经。精心选股，好好看护，是交易获胜的关键，买股票不是开杂货铺。

3. 资金管理要求

（1）建仓的技术原则，包括建仓的时机和买入的数量。

（2）加仓的技术原则，包括加仓的时机和买入的数量。

（3）减仓的技术原则，包括减仓的时机和卖出的数量。

（4）平仓的技术原则，包括平仓的时机和卖掉的数量。

在这四项资金管理原则中，加仓比较有难度。它一般分两种：一种是在行情继续看涨时进行加仓，这是普遍的加仓行为；另一种是在行情有过少许调整后又开始反转向上时进行加仓，这是谨慎的加仓行为。但绝对不允许因为股价急挫或因为股票便宜而进行摊低成本的加仓动作。平仓则更有难度，它也分两种：一种是获利或保本出局，这个比较容易做到；另一种是亏损时的止损平仓，这个的难度比较大，这不仅是心理接受上的难度，更是操作技术上的难度，它与股价目前获利空间与风险大小密切相关，不能一概套用亏损3%就出局的结论。止损在短线交易中很容易发生，更易产生累积的实际亏损。为了避免止损的出现，方法只有一个，就是尽量少出手，但一出手就要准、快、狠。

短线交易者切勿因为自己的资金量少，就忽视资金管理原则。必须记住，这是一种交易原则，一种交易风格，是千百万成功短线交易者在资金管理上的经验。一千个短线交易者在行情的不同阶段所采取的资金管理技术是不同的，这也将导致一千个不同的获利或亏损的结果。所以，即使短线交易者能够准确预测到一些趋势的变化，但如果不能掌握好资金管理的技术，最终的收益盈亏也无法确定。

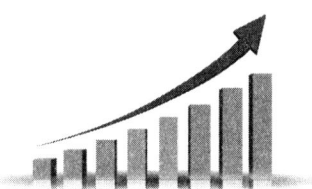

第4招　严格遵守纪律

在几种股票的交易风格中，短线交易最为激烈，如果没有一套有效的纪律盔甲，短线交易者很容易中枪中弹，损失惨重。市场并非总无规律可寻，绝大多数短线交易者在股市中失败，往往不是技术的问题，而是自身进、出场的纪律出了问题，或者根本就没有纪律可言。这同很多领域里的成败是一样的道理：智商不决定未来，情商才决定未来，而情商就是对自身的控制。

严格来说，绝大多数短线交易者的失败，都是没有严格按照上述理念、时机、方法而随意进行买卖的结果，盲目、随意、突然、侥幸等现象是失败者的常态；但也有部分短线交易者则亏损在"有法不依，执法不严"的层面上，在进、出场信号出现后仍然犹豫不决，而在进、出场信号未出现前又轻举妄动。作为一名成功的短线交易者，冷静等待大盘、板块、个股、主力四者出现明显可见的交易状态，是其重要的操作基础，而快速交易和资金管理则是决定获利大小的因素。

任何交易都必须是在已有的操作计划和控制中实施的，随意而不规范的操作行为不应该出现在职业短线交易者的身上。该出手的时候快速出手，该出局的时候坚定出局，你慢别人不慢，良机一旦错失，损失必然出现。

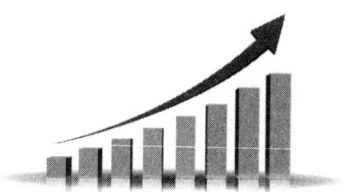

第5招　提高心理素质

导致短线交易者一再犯下低级错误的原因，往往是短线交易者自身交易心理严重失衡，使交易决策和实施过程处于一种非理性的状态，从而导致交易行为的扭曲变形。理性的交易心理和良好的交易素质，是短线交易成功的重要前提和保证。但是，交易心理控制需要长期的训练过程，也是一个需要掌握方法的过程。

这里先从四个方面提出一些看法，帮助短线交易者清理一些思想上的障碍：

（1）短线交易者要明白，交易者之间较量的已不再是一些细小的技巧，而是其心态和素质的拼比。这意味着短线交易者在进行短线交易时要有"四心"：一是机会来临前的耐心；二是机会出现时的细心；三是进场时的决心；四是出局时的狠心。

（2）在股票市场上，看对了不一定能够做对的人比比皆是，而看错了却总能化险为夷、反败为胜的短线交易者则寥寥无几。因此，对于短线交易者来说，能否看对不是最重要的，而能否做对才是生死攸关的大事。

（3）真正的短线交易者只安心赚取自己操作系统中能够到手的钱，而不会贪婪一切个股涨幅，也不会妄图把每一件事都做到最好。凭技术和原则赚钱、不依靠小道消息、杜绝侥幸心理、反思幸运获利、看淡常规获利、审视每次失败，是短线交易者的一贯原则。

（4）一个人的自信往往来自于内心而非外界，更深层次的是来自于内心的原则和遵守原则。同样，衡量短线交易者的标准并非以获利为唯一根据，按正确的市场规律交易并坚定不移地遵守自己的交易准则，是短线交易者的法宝。

第6招　先用小资金训练

建议短线交易者拿出3 000元在股市里进行试验。3 000元只能买到100股30元的股票（不含交易成本），但是，很多短线交易的品种往往不超过20元，该金额应该可以满足试验的需要。在试验的阶段，多数短线交易者是要亏损的，即使有盈利也往往不知所然。所以短线交易者一开始不要贪大，等技术稳定了，经验丰富了，再加大筹码不迟。训练方法如下：

（1）训练自己对大盘的分析和感悟能力，看看每日大盘实际走势和自己在盘前、盘中预测的有什么不同。如果对大盘没有80%的正确判断率，介入任何个股的风险都会比较高。

（2）训练自己对消息概念的反应能力和反应速度，以及对板块行情的识别能力和把握能力。板块出现联动是在熊市里操作短线的最小风险时机，而同时又是利润最大的时机。

（3）训练自己进场的速度和质量，将自己实际进场的点位与事后个股的实际走势相比较，找出自己成功或失败的原因并进行全面的、深刻的剖析，做好每场交易的分析记录。

（4）训练自己出场的速度和质量，将自己实际出场的点位与事后个股的实际走势相比较，找出自己成功或失败的原因并进行全面的、深刻的剖析，做好每场交易的分析记录。

（5）观看主力资金在个股上翻云覆雨的动作和手法，设想自己如果是主力，会不会也这样操作，或如果自己是主力将如何操作下一步。常此思维，你就离短线交易者的距离不远了。

（6）必须意识到，你和短线交易者现在始终是一个对立的关系，他要行骗，而你要识骗。如果你始终只能识骗而无法行骗，那么你最多也只能是散户高手，而无法成为短线交易者。

（7）不断进行收盘后的复盘分析，不仅要对自己现在操作和关心的股票进行深刻分析，同时每天还要对沪深两市涨、跌幅前后10名的股票走势进行反复的察看揣摩。

（8）不断进行操作日记的总结，一方面跟踪自己的交易质量，一方面反馈自己的行为缺陷和盲点思维，以快速提高自己的操作水平和判研能力。

（9）刻苦训练、深刻领悟是成为专业短线交易者的唯一途径，而反复看盘、悟盘、记盘则是达到条件反射般速度的根本。短线交易者必须在快、狠、准上下苦功夫，同时坚守自己的操作理念。

任何短线的高成功率都是来自于严格的系统化训练，短线交易者只有胜过9 999人，才能成为万里挑一的好手。对各种股市规律及投资理念反复思考，对各种经典的股价走势反复记忆并不断对比总结，对主力各类的操盘模式做到了如指掌，等等，是短线交易者必然要经历的过程，这个过程至少是半年。

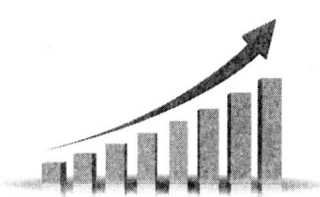

第7招　选择合适的环境和时机

1. 对大盘的要求

不是什么时机都适合进行短线交易，只有当大盘出现以下三种状况时才能展开操作：

（1）大盘处于牛市末期，此时部分主力还非常活跃，大量资金还敢于频繁进出，但要注意防范暴跌的行情。

（2）大盘处于横向盘整时期，此时各种主力都有机会进行拉升的尝试，各类资金也常常处于躁动不安的状态。

（3）熊市中大盘处于大幅下挫（如连跌20％以上）或急跌（如一日内急跌8％）时，往往也是各类游资抢反弹的时机。

除这三种情况之外，当大盘处于牛市上升阶段时，或当大盘处于明确的下降通道时，是不允许做短线交易的。因为前者不划算，后者易亏损。

2. 对行情的要求

即使是大盘处于能够做短线的市场背景下，短线交易也不是天天都可以操作的，当市场氛围不好而跟风不足时，连主力都自身难保，跟风交易就更难获利了。只有当行情环境出现以下三种情况时，才能提高短线交易的成功率：

（1）要能看到政策面和消息面的实质性利好，这在大盘处于盘整市道和熊市时极为重要，一遇政策利好，个股反弹马上开始。

（2）要能看到某一板块的集体启动，这是大资金共同抬升的结果，说明热点集中于某一板块，资金大量涌入某一板块，跟进的风险比较小。

（3）要能看到某个股票突然出现基本面的重大利好，这往往是个股短期内暴走的根本原因，虽然不能够及时参与，但后期还是有少许机会的。

当行情启动的环境不具备时，短线交易往往好看不好用。所以有些时候，等待就是赚钱，因为它省掉了亏损的钱，同时赢得了资金的主动权，保持有随时伺机而动的机会。

3. 对个股的要求

当大盘处于能够做短线的市场中，短线交易的成败就跟个股状态密切相关。从个股技术面来说，短线交易的时机主要有：

（1）当股价经过长期整理带量大举突破旧高创出新高时（牛市末期及其里面的震荡市）；

（2）当股价突破关键阻力位即将大幅拉升时（牛市末期及其里面的震荡市）；

（3）当股价即将暴发性突破近期底部的整理平台时（熊市反弹期及其中的震荡市）；

（4）当股价运行在明显的上升趋势通道内，且在通道下轨处获得支撑时（熊市反弹期及震荡市）；

（5）当股价形成了明确的箱体走势，并有着规律性的低买高卖现象时（熊市反弹期及震荡市）；

（6）当股价形成了明确的下降趋势，并因下跌过度而引发强烈反弹时（熊市反弹期及震荡市）；

（7）当股价在底部先涨后跌并缩量整理完毕开始爆发性拉升时（熊市反弹期及震荡市）。

其中，（4）和（5）也属于可以做波段交易的个股状态。这样的股票往往不受限于大盘和行情概念，基本上被主力掌控，很难暴涨，但会缓慢上升。介入这样的股票要有耐心。

对于具体的目标个股来说，短线交易者既不要参与个股上升中的调整，也不要放过个股调整中的拉升，这是做短线的基本原则。因此，当好的品种调整完毕时，及时杀回马枪是必要的动作。注意，成功的短线交易并非仅仅是买进能够上涨的股票，而是要买进短期内上涨幅度最大的股票。

第8招　建立自己的交易操作系统

"我能给你世上最好的规则，以及研判股票位置的最佳方法，但你还会因为人的因素，也就是你最大的弱点而输掉账户上的钱。你没能遵守规则，你凭希望和恐惧而不是依规则行事。你犹豫迟疑，你失去耐心，你仓促行动，你延误时机。你因此用人性的弱点欺骗自己，然后将损失归咎于市场。永远记住，是你自己的过错而不是市场的行为或市场操纵者的行为导致了你的损失。因此，你要努力遵守规则或避免注定使你失败的投机。"这就是一代股票交易大师江恩几十年前留下的警世恒言，它深刻揭示了交易心理和交易规则对交易成败的影响。

如果说市场分析是短线交易者对客观事件所作的分析，那么短线交易者自身的交易能力无疑成为决定交易成败的主观因素。很多短线交易者把市场分析看得很重要，并在此花费了大量的时间和精力，而事实上，这却是次要的部分。因为市场是"死"的，是被动的，而人这个交易主体才是活的，是变幻莫测的。也就是说，在股市里仅仅看对是不够的，还要做对，而做对，则依赖于短线交易者的交易操作系统。

在交易操作系统中，交易素质是最重要的一部分，它包括交易思想、交易理念、交易心理等，这些"活"的东西最难以识别和驾驭，但它却严重妨碍了短线交易者的识别能力和交易水平，使短线交易者主观地看待市场并随意交易，埋下亏损的祸根。交易规则包括交易策略、交易方法和交易纪律，它是一种经验的升华，是理性交易的操作体系，没有这样一套正确的操作体系，朝三暮四或投机取巧的获利方式，只会使短线交易者陷入更被动的境地。资金管理则包括资金头寸管理和资金风险管理，不同的资金投入方式和出、入场技巧，将导致同样看对的短线交易者却产生巨大的收益差距。

与此同时，大多数短线交易者将交易视为单一的进场行为，认为只要进场正确就一定能够盈利，并在整个交易过程中过于依赖进场这个环节，而忽略了交易过程的其他相关环节。他们没有自己的交易体系，也无法完整地对待自己的整个交易过程，甚至不知道交易究竟有几个环节需要把握。看看下表，短线交易者就知道输家是如何产生的了：

正确的交易操作系统：

	交易时要考虑的问题	科学的处理方案
1	买什么品种？	根据自己一贯的选股票标准来确定。
2	什么时候买入？	根据对大盘、板块、个股进行分析来确定。
3	买多少数量？	根据自己的建仓管理标准来确定。
4	怎么买？	根据自己一贯的建仓风格依次买入。
5	进场后趋势反向怎么办？	根据自己预先设立的止损点迅速离场。
6	进场后趋势大好怎么办？	根据自己的加仓准依次加仓。
7	什么时候减仓？	根据自己一贯的止赢条件来执行。
8	减仓多少？	根据自己一贯的止赢标准来执行。
9	什么时候离场？	根据自己一贯的离场条件来执行。
10	意外无法离场怎么办？	根据自己的第二套措施冷静处理。

总体来说，短线交易者想要在市场中持续获利，就必须建立三位一体的交易体系：

（1）技术分析模块：这是交易对象和交易时机的预测系统，着重于研究买卖什么和何时买卖的问题。它包括对大盘的分析，对个股股质的分析，对个股技术面的分析，对个股主力的分析。在这里，最重要的是客观、全面地了解市场。

（2）交易行为模块：这是对短线交易者整个交易行为进行管理的系统，着重于研究如何能够更好地实施买卖行为的问题。包括短线交易者的心理控制、交易策略的实施和交易规则的执行等。在这里，最重要的是坚持整体性和一贯性的原则。

（3）资金管理模块：这是对资金安全性和增值过程进行管理的系统，着重于研究买卖多少的问题。这涉及资金每次出入的比例大小，以及对风险的控制和对盈利的保护等问题。在这里，重要的是坚持合理和谨慎的原则。

第9招　避开15大心理误区

他山之石，可以攻玉。短线交易者可以先从别人的失误中节省交易学费，从而顺利进入交易的佳境。下面，先看看别人的失误。

十五大心理误区如下。

1. 认为一夜可以暴富

很多短线交易者本身对股票不感兴趣，也一无所知，但是在牛市的财富效应日趋高涨时，在一日即可暴涨10%甚至100%（新股上市、复牌交易、权证交易）的蛊惑下，却带着一夜暴富的心理冲入股市，其结果可想而知。不熟不做，不懂勿动——这个基本的生意常识一再被短线交易者在投资或投机领域里打破，但无知和冲动总是要付出代价的。

2. 认为赚钱很容易

股市盛传爹爹婆婆也能成为百万富翁的故事，也描述着基金能助你"守株待兔"的传奇。于是很多自以为聪明过人的短线交易者以及根本不思考如何盈利的短线交易者开始涌入股市。股市由此开始涨潮，但潮水总有退的时候，等潮水退却时，不劳而获和自作聪明的短线交易者自然就成了那群"没有穿裤子"的人。这些短线交易者需要想想，别人凭什么输钱给你？

3. 认为炒股就是赌博

持有这样心态的短线交易者往往是不会承认的，甚至于常常自欺欺人。炒股本身也是博弈，它和赌博有必然的联系，但两者还是有本质区别的。赌博可以换牌，但炒股双方的股票是无法替换的；赌博靠的是识别经验和应对技巧，而炒股靠的是对股票供求关系和市场冷热的把握。把炒股当作赌博的人，其赌性、赌行必然违背市场规律，从而招致败北。

4. 急功近利

一个人在涨工资时，只希望一年能涨15%就满足了；在做生意时，只要一年能赚50%就知足了，但在进入股市时，他们却希望能赚到100%以上，这是多么的不切实际。正如我们不可能在两年内成为医生或律师一样，想要在一个领域取得成功，特别是在高手云集的博弈场所获得成功，就必须付出艰辛的努力，同时还需要坚忍不拔的意志。显然，大部分短线交易者都没有这样的思想准备。

5. 依赖别人

股票市场受诸多复杂因素的影响，当短线交易者无法分析或不愿分析时，就必然采取跟随交易的策略，这一点在基金公司也相当普遍。盲目跟风、依赖别人，在看见他人购进某种股票时，也会匆匆买入自己并不了解的股票；而当看到别人抛售某种股票时，也会急急忙忙跟着抛售；他们总是到处打听小道消息并跟随谣言，直至被市场迅速吞没而后悔莫及。

6. 举棋不定

有些短线交易者在进场交易前原本制订了交易计划，但当受到他人意见的影响时，却往往左顾右盼，无法执行交易策略；或是事前根本就不打算进场交易，但看到许多短线交易者纷纷入市时，又经不住这种气氛的诱惑，从而作出了不理智的交易决策；或者干脆在摇摆不定中，眼争争看着机会与自己失之交臂，陷入该赢的没得到、不该失去的却失去了的尴尬境地。

7. 自由散漫

人的行为具有很大的随意性和自我性，因此社会必须用法规来约束和协调。但是在股市里，缺乏领导监管和自我约束后，短线交易者往往独来独往，天马行空，平时的自由散漫和率性而为一览无余。面对能制造行情且纪律严明的对手，这种情绪化交易和随意交易所带来的亏损往往是巨大的。用自然的人性去面对诡秘难测、波涛汹涌的股票市场，其后果可想而知。

8. 不敢输

很多短线交易者因为对市场一无所知而毫无持股的底气，一旦股票下跌就开始心神不宁，继续下跌则惶惶不可终日。他们死死捂住早已亏损的股票不放，期待市场出现反转的奇迹。他们不懂得主力撤退和人气溃散的含义，不懂得市场和股票的周期性,更不明白资金自由的重要性。不敢输的心态,只会使短线交易者越陷越深,失去更多、更好的交易机会。

9. 敢输不敢赢

有些短线交易者则与上面的短线交易者恰恰相反,他们敢于斩仓出局,即使接连战败也在所不惜,并自诩深谙"止损"之道。但是,当他们在看到久违的获利时,却往往会迫不及待地要获利了结,生怕这到手的利润又不翼而飞。所以常常是十次交易输了七次、平了两次、而唯一能赢利的这一次又很早地卖出去了。敢输不敢赢的心态,将逐渐消灭短线交易者账户上的所有资金。

10. 推托责任

很多短线交易者在股市赚到钱后,就开始喜形于色,忘乎所以,到处炫耀;遇到挫折困难,则寝食不安,愁眉不展,怨天尤人。这种短线交易者,往往看不到市场的规律,也看不到自身的问题,更不会主动寻求解决之道,而是一味地将失败的缘由归咎于市场、管理层、庄家、股评家等。赢了钱就是自己的本事,输了钱就是市场的问题,这种想法实在幼稚。

11. 贪婪

有利都要,寸步不让,这种贪心的投机者并不少见。他们常常持股待涨,不顾趋势盲目坚持,往往放弃了一次次获利了结的机会;而当价格下跌的时候,又迟迟不肯买进,总是盼望价格跌了再跌。这虽与追涨杀跌的表现形式不同,但同样是短线交易者不能把握机会的表现。这种无止境的欲望,反倒会使本来已经到手的获利全部落空。要知道,树是长不到天上去的。

12. 恐惧

常言道:一朝被蛇咬,十年怕井绳。有些短线交易者经受不住挫折,一次交易赔了钱便对交易产生了恐惧心理,再遇到很好的机会也不敢介入;或者得了恐高症,只要看到股市暴涨或长期高涨,就开始恐惧顶部来临而早早出局,错失一次又一次在回调中的加仓的机会;又或者恐惧熊市的残酷,对多次反弹或反转机会的来临视而不见,总之是轻易"不进油盐"。

13. 迷信

迷信往往是知识不足所造成的,它包括:迷信书籍,尤其是那些片面的经验之谈;迷信信念,尤其是那些尚不符合国情的投资大师的投资理念;迷信专家，实际上很多专家都是纸老虎；迷信基金，实际上基金公司是靠迷信者的供养才能活到今天的；迷信指标，实际上指标只有统计的作用；迷信消息，热衷于消息者往往死于消息；迷信自己，一意孤行的常常失去市场。

14. 懒惰

懒惰是人的通病。一些进入股市的普通职员在工作中碌碌无为，却奢望在股市中吉星高照；一些进入股市的爹爹婆婆整日无所事事，却期望能在股市里鸿运当头；一些进入股市的企业领导者在下班后花天酒地，却妄想他的运气要好于当年买股票的爱因斯坦和丘吉尔。他们似乎不知道，他们的钱即将被比他们勤奋百倍的短线交易者夺走。因懒惰而无知，因无知而亏损，很公平。

15. 不肯认错

很多短线交易者一旦做错了方向，便不能当机立断，壮士断腕；而是心存侥幸，期望市场按他的想像出现转机；或是给自己找市场应该回头，而自己没有错的各种理由；或是盲目乐观，死抗到底，不撞南墙不回头；或是假装视而不见，漠不关心，并自我感觉良好。但无论短线交易者怎么想，错了就是错了，如果你还想在这个市场上活下来，唯一的方法就是立刻认错改正。

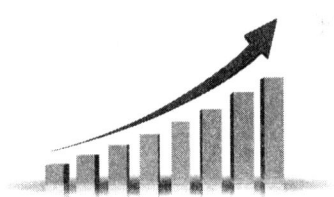

第10招　避开15大交易误区

1. 没有交易计划

绝大多数短线交易者进入股市的时候，都不会制订交易计划，这使他们无法知道合理的入市资金应该是多少；在后市出现什么状态时，该不该加仓、减仓，加、减的比例是多少；在什么地方设置止损以平仓了结；在什么地方设置止赢以获利了结。面对始终有计划、有目的、有纪律的市场主力，他们的失败也就成为了必然。他们不知道，市场专门修理那些随意交易的人。

2. 非系统性交易

这包括两种常见的情况：一种是按消息交易，即短线交易者到处寻找小道消息进行交易，而不是按市场规律和个股特性进行交易，这种短线交易者的总体特征是不学无术，东打西探；另一种是按预期交易，即以为市场会怎么走而采取行动，并不是顺势而为。江恩有两套技术，一套是测市技术，一套是操作规则。显然，仅凭测市技术是行不通的。

3. 频繁交易

如果短线交易者以1 000元本金起步，一年只进行20次交易，10次全部获利且盈利率为8%，又有10次全部亏损且亏损率为8%，无论如何调整盈、亏的顺序，短线交易者的资金都会减少到938元，还没算交易成本。这就是频繁交易的代价。

4. 满仓操作

对于一个没有资金管理概念或急于提高投资回报的短线交易者，常常会选择满仓操作，即建仓时动用全部的资金，出场时没有减仓的想法，一味地满进满出。他们的理由是：既然看好就该全力投入，既然不看好就该立即抽身。但是事实上，没有人可以准确预测到后市的发展，预测错误和被主力欺骗的比比皆是。而这样的短线交易者也往往不明白，他应该靠复利而非靠暴利来赚钱。

5. 不设止损

很多短线交易者没有主动止损的概念。究其原因，心理上的障碍主要是心存侥幸，一旦建仓以后不设止损，侥幸地希望价格能向自己建仓的方向运动；技术上的障碍是不知道在哪里设置止损的点位，认为很麻烦；认识上的障碍是认为大不了就套住不放，"二十年后还是条好汉"。于是，多数短线交易者在严重套牢后最终斩仓出局，少数短线交易者则被迫降低了资金的使用效率。

6. 不设止盈

很多短线交易者认为，为什么要设止盈，让盈利奔跑不好吗？而实际的结果却是：太多的短线交易者在贪婪的怂恿下，认为"树会长到天上去"，迟迟不愿顺着梯子爬下来，等到主力把梯子抽掉之后，才知道跳下来的代价。实际上，这一切的交易心理主力都非常清楚，怎么可能让散户有机会跑在其前面呢。于是，曾经的盈利成为了纸上富贵，不断的套牢成为了连绵恶梦。

7. 不懂资金管理

这包括两个方面：一方面是很多短线交易者不知道10万元资金、100万元资金、1 000万元资金在操作上的不同之处，因而一视同仁，套用同一种交易策略，最终招致失败；另一方面是短线交易者不懂得资金的运用和调度，尤其是缺乏建仓、增仓、减仓、平仓时的技巧和经验。要知道，即使是对市场有同样的预期，但是懂资金管理和不懂资金管理的短线交易者，其最后的盈、亏差距是很大的。

8. 越跌越蛮干

当股价层层下跌的时候，部分短线交易者通常会出现三种情况。

其一，不分场合和时间赶紧"割肉"，结果可能一割就涨，后悔莫及；

其二，越跌越加仓，期望摊低持仓成本，同时认为自己拿的是优质股，无视熊市的存在，把自己当作是基金必须保持仓位；

其三，认为反弹即将展开，于是匆匆入市去等待反弹的果实，但结果却往往是一动就错、一错就亏。

9. 逆市而为

股市里总会有很多"死多头"或"死空头",他们无视市场的改变,顽固不化地坚持过时的观点,在市场已经悄然启动时不敢入场,在市场进入最后疯狂时不愿出场,在市场进入熊市时继续加仓,在市场明显疲软时赶紧抄底,等等。这些逆市动作,显示出短线交易者在预测技术上的无知和无能,以及自以为资金雄厚的盲目自大。要知道,市场自有其道,谁也不能束缚它的手脚。

10. 离市场太近

人类是感性的动物,难免会随行情的涨跌而产生情绪波动,并进而影响交易行为。离市场太近,人性中原有的"贪、嗔、痴"便容易浮现,便会使人想去"战胜市场",以获取似乎唾手可得的利润。但实际上,股市波浪就像江水一样,你贴得越近,看到的就只有涟漪,而涟漪是杂乱无章的,一波才起就会被另一波打消。短线交易者唯有与市场保持距离,才有机会追寻获利的大浪。

11. 缺乏纪律

缺乏耐心的短线交易者比比皆是,在机会尚不明确的时候,他们匆匆介入;在市场进行调整的时候,他们又急急出局。缺乏纪律的短线交易者更是无处不在,盲目交易、冲动交易、随意交易、糊涂交易……这些没有纪律的短线交易者,最终将自己的资金交给市场蚕食鲸吞。他们不知道,只有一个训练有素的短线交易者,才能在陷阱遍布的博弈市场里化险为夷。

12. 疲劳交易

有些短线交易者持续"战斗"在股市一线,没日没夜地盯盘和分析;有些短线交易者则受不得刺激,患得患失,容易失眠。但他们都仍然带着疲惫继续交易。他们不知道,股市不是工厂,不需要劳动模范,需要的是效率。当短线交易者身心疲惫的时候,记忆力、反应力、感知力、决策力、协调性、敏感性等都会降低,作出失误的交易动作也就在所难免。

13. 不思进取

有些短线交易者看起来比较勤奋,到处找方法、学经验,但实际上,却不愿自己思索交易方式,自己考虑前因后果,而是生搬硬套,囫囵吞枣;又或者,发明了一套盈利模式后就不分时宜地反复使用,自认为可以一劳永逸,万事大吉。股市之所以能持续发展,就是因为它的不可预知性和其自我验证、自我变异的生命活力。跟不上市场节奏的短线交易者，迟早都会被市场淘汰。

14. 无交易风格

每位短线交易者都很难战胜自己的性格，所以每位短线交易者都应根据自己的性格和经验来形成自己的交易风格，这包括自己的预测策略和交易规则，也包括自己的选股标准和进出时机。没有自己的交易风格，就等于没有自己的主见，连主见都没有的短线交易者是无法在市场立足的。这样的短线交易者很难不被市场风暴席卷而去，也很难不丧生在诡秘汹涌、陷阱密布的证券市场。

15. 自身不稳定

短线交易者往往知道市场是不稳定的，其风险也是可以预计的，但短线交易者自身的不稳定性却往往被自己所忽视。如持仓数量的不稳定、资金管理的不稳定、准备的不稳定、操作的不稳定、视角的不稳定、进出的不稳定等。这些不稳定性即使是发生在预测正确的情况下，也难免出现亏损，何况是在多数预测被证明为错误的情形下。自身不稳定因素，是短线交易者的一大致命问题。

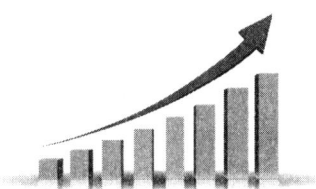

第11招　做好交易计划

学会开车很容易，但成为职业赛车选手却很困难。做股票投资也一样，成为职业交易员并不简单。迈出的第一步就是要学会订交易计划，它是短线交易者的作战计划和实施框架。交易计划需要事先考虑行情所有的发展可能与相应对策，这可以使短线交易者降低压力，提高信心，并形成自律性的规范动作。而非职业性的短线交易者是没有这套计划的，他们往往无法应对行情发生分歧时或市场突发意外时的变化，并由此输给职业短线交易者。

交易计划的目的，是在充分认识市场状况的前提下，寻找成功率较高的交易机会，并确保实施过程都在自己的掌握之中。它的形成过程如下：

（1）辨认出当前大盘趋势属于基本、次级、短暂趋势里的上涨、盘整还是下跌。

（2）分析当前大盘短期趋势形成的主要因素，并搜集后期影响因素进行趋势的预测。

（3）当大盘趋势开始向有利于自己的预测方向前进时，证明预测可能正确，准备进场。

（4）察看目标个股和大盘趋势之间的关联度，挑选适合的目标股做好进一步分析。

（5）按照自己习惯的短、中、长线交易风格，挑选目标股后考虑何时进场和出场。

（6）分析目标股后期可能出现的涨、盘、跌三种走势，分别做好对应操作和止损准备。

（7）按照既定的价格区间、时间范围、股票数量，买入目标股，同时记录交易日志。

（8）随时保持观察，看目标股是否有异动，对异动情况和周末行情作进一步的评估。

（9）考虑是否要加仓／减仓，或按计划止损，或提高浮动止损点，或止盈出局。

（10）达到预期目标或认为风险增大应止盈出局，同时做好整个交易的总结和评估工作。

需要注意，在交易计划中，最不容易确定的是出局时间，但凡是不能确定出局时间的计划，往往都会出问题。而出局时间和计划的操作成败，都跟短线交易者对行情性质的判断以及操作风格的选择息息相关，如果它们出现了问题，那么交易计划多数是难以成功的。

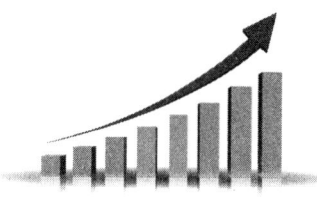

第12招　写好交易日志

美国股票交易大师江恩在晚年的时候只专注于市场统计，他认为，从市场统计数据中寻找股市规律是最有价值的工作。而对于短线交易者本身而言，对自己所操作的股票进行数据统计，则更富有实际的意义。前者的统计是针对于市场，后者的统计是针对于自己，将市场和自己识别并驾驭，是长期盈利的秘诀。

那么短线交易者如何对自己的交易工作进行统计呢？方法就是写交易日志。它可以帮助短线交易者评估自己的操作绩效，认知自己的交易风格和交易优劣，不断完善自己的心理素质和操作规范。但很多短线交易者不愿意动笔记录，而只愿意凭记忆总结，可是人们的记忆往往会有选择性，很难仅凭头脑就记住所有的交易细节并形成操作性的总结。每笔交易都必须记录，确实有些麻烦，但对短线交易者肯定有莫大的好处。交易日志内容参见下表。

交 易 日 志

交易对象	买入了哪只股票。	
股票性质	买入股票的性质。此项可使你知道什么股票适合你的交易风格。	自我分析
交易时间	几点几分买/卖的。此项可使你知道什么时间段最适合你的交易。	自我分析
交易动机	为什么要买/卖。此项可使你知道你的交易动机是否合理。	自我分析
获利目标	你计划的卖出点。有助于掌握你的盈利，且分析你的止盈水平。	自我分析

续表

交易对象	买入了哪只股票。	
止损目标	你计划的止损点。有助于控制你的亏损,且分析你的止损水平。	自我分析
资金管理	加仓/减仓的变化。有助于知道你在资金管理上的策略是否合理。	自我分析
盈亏情况	在该股上的盈亏。有助于知道你的成功率和平均获利及亏损金额。	自我分析
持有时间	持有该股的时间。有助于知道你喜欢或适合做多长时间的交易。	自我分析
决策分析	亏损交易的认赔速度是否够快?盈利交易的持有时间是否太长?是否太快出场?是否确实遵守交易规则?是否等待行情折返?等等。	自我分析

EXCEL表具有数据统计的功能,因此"交易日志"适合在EXCEL表里进行编制。通过该表,短线交易者可以挑选出最适合自己交易的个股、行情、机会、时间和操作规则,同时知道自己的操作盈亏水平和心态变化。但是,交易日志如果只是纯粹的记录工作就没有意义了,它需要短线交易者不断翻阅和总结,以分析自己的长处与短处,检讨自己的交易绩效,以增强自己的交易信心。应记住,成功的交易不在于一时的成败,而在于有没有执行一个好的、稳定的交易理念或操作标准。

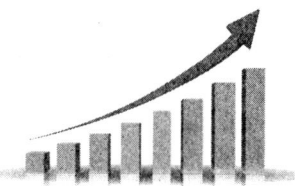

第13招　树立正确财富观念

很多人，之所以在长期的资本争夺中败北，是因为他们没有正确的财富观念，心态无法平稳。事实上，短线交易者从股票市场上能赚到钱，从投资的角度来说，是因为长期看好国家经济的发展，因而投资于具有代表性的高成长性公司；从投机的角度来说，是因为把握了市场平衡的节奏，抓住了其他对手的弱点和软肋。但无论如何，没有一位大师是纯粹为了赚钱的目的而从股市上赚到大钱的，他们的长期获利得益于他们正确的投资（投机）理念，他们的平稳心态则来自于他们正确的财富观念。

巴菲特尽管曾一度是全球最富有的人，但他最终把自己的绝大部分财产捐给了5家慈善基金会，而这些基金从起名到历史都不属于他自己；索罗斯则一方面不放过任何赚钱的机会，另一方面到处捐款、建立慈善基金、参与社会变革，以实现他作为成功的金融投机家和慈善家、社会改革家的多重角色。虽然他们都乐衷于自己的投资（投机）事业，但都没有忘记自己对社会应承担的责任。

所以，作为一个短线交易者应该知道，你所做的不过是社会财富的再分配工作，你可以理解为劫富济贫，也可以理解为实践理念，而唯一不能有的观念就是为了赚钱。急功近利、唯利是图的想法将最终使你破产，就像没有信仰的、曾经是世界上最伟大的短线交易者：杰西·利弗莫尔。

400多年前，培根就在他的"论财富"中曾经讲到："千万不要为了摆阔而追求财富，而应当取之有道、用之有度、施之有乐。通过正当的手段和靠劳动所获得的财富，其步伐是缓慢的"。但是很多短线交易者没有正确的财富观念，而且一开始就急于求成，为自己设置了过高的盈利愿望，使自己在高涨的欲望中不断煎熬，最后亏损累累。

如果短线交易者有10万元的本金，可以先看看下面这张表：

理想投资回报率的总收益

	每10年增长10倍	每10年增长20倍
10年后	100万元	200万元
20年后	1 000万元	4 000万元
30年后	1亿元	8亿元
40年后	10亿元	160亿元
	每年的投资回报率须为25.89%	每年的投资回报率须为34.93%

由上表可见，如果你的计划是每10年增长10倍，那么30年后的资金将达到1亿元，而每年所需的投资回报率仅仅只要25.89%；如果你的计划是每10年增长20倍，那么30年后的资金将达到8亿元，而每年所需的投资回报率也不过是34.93%。既然如此，你还需要每天关心股市的走势吗？还会想抓住所有的涨停板吗？保持一个平和的心态，善用复利的威力，成为亿万富翁只是时间的问题。

现在，你的年度盈利目标是20%还是80%？

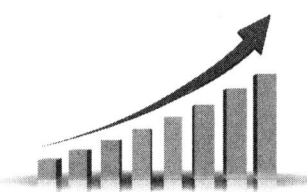

第14招　培养良好心态

学习投资，先学做人，你的人生态度会如实地反映到你的投资活动中，形成你的投资哲学。一个成功的短线交易者，并不是在交易市场中磨练自己的心理素质，而是应该在日常生活中将心理素质调整好，再把它拿到交易市场上。著有《投资心理学》的美国范·K·撒普博士认为，短线交易者在日常生活中对于心灵品德的修养极为重要，它包括以下5个方面。

1. 成熟的私生活

成熟的私生活是人性德行的基础。也就是说一个良好的交易人员在家庭私生活方面，首先要符合当地、当时的人伦道德，受到社会和自己的无形监督，做到心胸坦荡。人的一生总会受到一些感情的考验（尤其在小有成就时），它考验着你的道德底线，而能否战胜它并坚持你的道德底线，将是在交易思维产生贪婪、恐惧时能否战胜它们的关键。良好的原则坚持和习惯培养，需要短线交易者在日常生活中对自己心性时时进行反省和磨练。

2. 积极的态度

人类生存的一种巨大动力就是积极。当一次次失败的打击让你的心灵一次次阵痛时，慢慢的你就会失去斗志了。原因是你太自私、太看重自己的得失，使每次的打击力量因自私而变得更重；最终你将丧失斗志与理智，从而变得无知直到暴仓。这一点也表现在你的品德上：一个在日常生活中寡爱或只爱自己的人是没有真正意义上的积极心态的，也是不会誓不言败、誓不低头的。只有当你内心坦荡无私以后，才会在无形中生出一种积极向上的力量，这种力量往往可以克服诸多困难，直至你看到稳定的盈利成果。在投资市场中，一切良好的心态都是来自日常生活的培养，绝非妙手偶得。

3. 赚钱的动机

有的短线交易者进入证券市场，是认为这里有暴利；有的短线交易者则认为这里符合自己的兴趣爱好；还有的短线交易者则认为这里可以磨炼意志、修炼身心。这就好比同样是盖房子，有的人会认为自己是在堆石头，有的人则知道自己是在盖房子，还有的人却意识到自己是在解决千万人的安居问题。不同的认知观将导致不同人的赚钱能力和最终结果。正如前面所述，如果你赚钱的动机不明确、不积极，赚钱的行为不正确、不高效，那么你很有可能最终败离这个市场，最终的胜利总是属于那些目的明确并能坚持到底的人。

4. 内心冲突的平衡

天下没有精神没问题的人，只是他们心灵的"药匣子"或大或小罢了。"药匣子"小的人，在日常经历的事情超过他的心理（理智）底线时，错乱后的秩序往往无法恢复，而这对于交易却是致命的。所以，成功的短线交易者常常在生活中不断扩大自己"药匣子"的容量，平衡多方矛盾和冲突，使之能承受更多的负载。内心的冲突有情感上的、利益上的、欲望上的和压力上的等，平衡它们最简单的方式就是：心平气和地面对它们、分析它们、理解它们，并作出局部的妥协。

5. 讲求结果的责任

每个人活在社会上，都逃脱不了责任。为人领导、为人父母、为人子女、为人师者……都有相应的责任。责任不是一个过程，而是要看到结果，尤其是在可以物质化的市场经济中，对结果负责更是所有公司和个体的生存必须。在投资市场更是如此，如果你做不到对自己负责，你的钱很快就会被别人拿走。无论你是想修炼身心、提高交易水平，还是赚取投资回报，都必须时刻关注你的每一步投资行为，因为你马上就会看到该行为的结果——本金变少或增多。

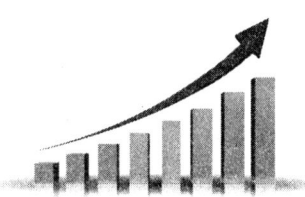

第15招　训练12种素质

在投资领域，成功并不单纯是一门技巧或学问，而是一种优秀品质的延伸。但这种品质不是与生俱来的，而是慢慢培养出来的。你播下一个行动就能收获一种习惯；播下一个习惯就能收获一种性格；播下一种性格就能收获一种命运。所以，你是你成功的主体，你的素质决定了你的成败。这些重要的素质，需要短线交易者努力掌握和适应，并身体力行。那些不具备优良素质的"成功"短线交易者，只是在投资生涯没有结束前就离场的幸运儿。命运掌握在短线交易者自己手中，妄想幸运总是降临在自己身上是不现实的，而正确的做法，就是重视并培养自己的交易素质。

大致来说，成功短线交易者的基本素质主要有12个方面。

1. 勤奋

罗杰斯曾经说过：我并不觉得自己聪明，但我确实非常、非常、非常勤奋地工作（一个人做六个人的工作），如果你能非常努力地工作，也很热爱自己的工作，就有成功的可能。可见，勤奋是一切成功的基础，它能使愚钝变成智慧，使贫穷变成殷实，使学生变成大师，等等。在股市里除了要身体力行的实践外，更多的是要用脑思考。勤奋学习、勤奋思考、勤奋悟觉、勤奋实践和勤奋总结等，将使你迈入成功的大道。

2. 自律

证券市场是波澜诡秘、瞬息万变的，没有人可以准确地预知未来，唯有短线交易者以自律的手段驾驭自己，方能找到市场的间隙规律，从冲动型短线交易者或暂时无法制约你的主力手中夺取利润。你不能战胜市场，但你必须战胜自己，否则，失败是无可避免的。自律可以使短线交易者在别人恐惧时仍有勇气买进，也可以使短线交易者在大家贪婪时果断卖出，更可以使短线交易者涤尽浮躁，顺势而为。自律是同人性之恶做斗争的盔甲，尤为重要。

3. 冷静

在股市中，只有戒急戒躁，冷静旁观，才能客观地看待市场，做到不早进，不晚退，顺势而为。不要试图抓住每一次市场机会，没有人能做到这点。也不要妄图卖到最高点，那是可遇不可求的东西。那些中看不中用的短线涨停板，最好让它如过眼云烟。作为冷静的短线交易者，每进行一笔交易，你都应该清楚交易的理由，按照自己的计划去交易。如果你觉得不安心，就不要进行交易。当你的精、气、神、脑均处于一个良好的状态时，你才能把握绝佳的获利机会。

4. 果断

证券市场的每一秒钟内，都有无数的短线交易者在观察、思考、猜测和行动，"羊群效应""蝴蝶效应""多米诺骨牌效应"等常常发生。如果短线交易者不够果敢，当断不断，就会错失良机，铸成大错。每一位成功者，无不是有魄力、有胆识、能果敢决策之人，果敢的素质在博弈的市场里非常重要。有时候，你甚至慢1/6秒去按键，涨停板就和你失之交臂，而跌停板却接踵而至。但果断是胆大艺高的表现，而不是蛮干草率的行为。

5. 谨慎

在交易中，有很多现象难以一时区分。比如，怕贪婪就自以为是地提前出场，怕恐惧又自作聪明地提前入场，想果断却变成了冲动，想安心却变成了乐观。又或者，赚了钱就开始轻松自满，输了钱又开始紧张不安，市场上窜下跳觉得很正常，等等。这些情形的出现，基本上都是因为不谨慎的原因。不谨慎不仅是心理控制的问题，而且是缺乏市场阴阳转换概念的表现。谨慎代表着严谨和中性，这是成功短线交易者一贯的品质。除非你真的了解自己在干什么，否则什么也别做。

6. 自信

自信是所有成功者的特质。在社会上没有自信，很难引发别人对你的认同，从而失去机会；在证券市场上没有自信，很难抵抗日常波动的诱惑，从而失去资本。自信来源于一贯正确的市场认知和稳定的获利能力，来源于自己的健康状态和资本实力。但对于刚入市的短线交易者而言，自我心理暗示也有助于提高自信水平，稳定操作情绪。采取自我暗示能够使短线交易者进行自我调节，引发积极的思维，消除紧张、慌乱等不良情绪，使自己进入最佳交易状态。

7. 诚实

为人最忌虚伪和欺骗，在生活中欺骗别人，就会在市场上欺骗自己。在证券市场，短线交易者必须做到绝对诚实，才有可能抹去浮躁和侥幸，找到市场真相和问题本质，发现自身劣根和缺陷，进而加以改进和完善。发现问题、正视问题、知错就改、言行一致，这是短线交易者能够在市场中生存下来的基础。在这个不需要跟人打交道的市场里，你要解决的东西只有"知屏幕"和"行自己"，而诚实是唯一使你"知行合一"的桥梁。

8. 谦逊

所谓谦逊就是要敬畏市场，知道自己在自然面前的渺小。在市场中，短线交易者千万不要认为自己了解任何事情。任何价格的决定都依赖于千万短线交易者的实际行动，这些最终都将会反映到市场中。但是何时、何量、何度，没有人可以准确预测。股市里没有绝对的赢家也没有绝对的输家，但骄兵必败是永恒的道理。唯有谦逊的人才会保持平和的心态和警惕的思维，也才会不断充实自己，同时获得广泛的人脉，未雨绸缪地化解危机。

9. 独立

巴菲特曾经说过，他非常感谢他父亲，因为他父亲在他小的时候就教给了他要依靠自己来判断是非的观念；而罗杰斯从来都不重视华尔街的证券分析家，他认为必须独立思考，抛开"羊群心理"。可见，独立思考和行动，是一个人具备完整性思维和独立人格的表现，也是一个人敢于承担责任和承受获利风险的表露，不具备独立自主的个性，难以成就事业。勒庞在他的名著《乌合之众——大众心理研究》之中曾断言：大众是疯狂的，而个体是理智的。

10. 平常心

所谓平常心就是要拥有平和的心态，能自然地看待生活中的人和事，冷静地看待事业中的名和利，轻松地看待股市中的涨和跌。但这不是一蹴而就的事情，跟一个人的经验、阅历、学识和追求大有关联。有一颗平常心，就懂得什么是必然的，什么是偶然的。抓住必然的涨，躲避必然的跌，剩余的时间就是放弃无数个陷阱,等待值得介入的机会。懂得放弃,懂得等待,懂得必然,以一颗平常心来应对客观世界,顺势而为,量力而行,就能获得丰收。

11. 悟性

没有悟性的短线交易者难以步入投资大师的殿堂。悟性来自于思考和体验,只有经过长期的实践经验和理论知识的积累,当由量达到质的临界点时,短线交易者就会产生灵感或悟性,忽然顿悟一些市场规律和真相,明了交易的部分实质和内在机制。所有投资理念的建立,都是来自于短线交易者自身的悟性,这些在实战之后的悟性心得,经过总结、分类、整理、提炼后,就会形成短线交易者长久坚持的交易体系,历经时间检验。

12. 坚持

股市赚钱的秘密首先在于上述良好品质的培养上,很显然,这些都是放之四海皆准的道理,但就是这些简单的道理,这些往往被人们忽视了的简单的东西,却制约着绝大部分短线交易者的发展道路。如果短线交易者明白这些之后即开始了行动,未尝不是件好事,但是如果不能长久地坚持并成为自己的习惯,那么即使是再好的东西,也很难被短线交易者吸收,并进而发挥出应有的功效。"不知"是愚者的表现,"不行"是弱者的表现,只有坚持"知行合一",才能最终得道。

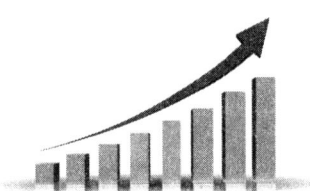

第16招　排解短线交易压力

国外研究表明，优秀的交易员通常不会切断交易活动与日常生活之间的关联，这是他们与业余短线交易者的最大差别之一，他们要求整个生活的每个层面都相互支援、彼此协调。可见，健康与压力管理对短线交易者来说非常重要。

压力能够协助交易，也能够妨碍交易，这取决于短线交易者如何应对压力的状况。尼尔·温特劳布认为，下列这些问题可以使短线交易者获知自己身受压力的程度：

（1）你的个人生活是否受到交易经验的影响？

（2）你是否经常想到失败的问题？

（3）你的情绪是否随着交易绩效起伏？

（4）你是否希望完全改变交易系统？

（5）你是否发现自己很难专注？

（6）你是否发现自己很难暂停交易？

（7）你是否忽略自己的交易系统？

（8）别人说话的时候，你是否会充耳不闻？

（9）你是否变得健忘？

（10）你是否总是觉得疲惫、想睡觉？

当短线交易者经常出现上述状况时，就说明其已经感受到来自交易的压力了。那么，如何处理压力或降低压力呢？建议采取以下的方式：

（1）饮食。用餐时间要有规律，同时考虑低热量的饮食，避免刺激性食物和含咖啡因的饮料。

（2）每星期至少运动3次。运动中分泌的物质可降低压力，生理状态好的人也容易应付压力。

（3）学习打坐、练瑜珈或单纯的放松。

（4）记录交易日志，包括目标在内。

（5）建立支援网络，包括朋友与家人。

（6）偶尔做一些其他的事，摆脱例行的生活方式，比如去吃大餐或旅游等等。

（7）每晚至少需要6~8小时的睡眠。如果难以入睡，可以安排9小时的时间进行休息。

（8）从你的交易日志中，寻找压力的来源。比如，交易规模是否太大？管理未平仓的部位是否太多？若是如此，想办法让自己回到"舒适界限"内，降低交易规模或减少未平仓部位的数量。

如同完成任何目标一样，降低压力也需要付出代价。降低压力需要花费时间与耐心，但这也是用来增进你的交易绩效的。注意，你正在作战，对象是那些妨碍交易绩效的东西。

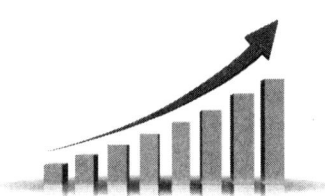

第17招　了解影响获利的因素

刚入市的短线交易者往往不知道是谁影响了他的交易，使他的资金源源不断地出现亏损。其实，影响他获利的因素主要有两个：一个是市场；一个是他自己。

1. 市场是只纸老虎

很多短线交易者认为市场是最重要的，因为自己的交易都要在其中完成，而挑选交易对象也常常要消耗自己的绝大部分时间。所以很多人花了很多精力去研究市场、分析市场、预测市场、跟随市场。但实际上，巴菲特很少研究市场，他只研究他的上市公司价值和前景；而索罗斯则把主要的精力用在了对国际政治局势、国际经济结构、地区金融冲突、地区市场机会等的研究上；林奇则把主要的精力放在了资产配置上，而这跟经济景气周期和资金管理艺术有关联。可见，市场只是成全他们投资理念的舞台，并非他们研究的重点。

没有人可以长期准确地预测股市局部趋势，将大量的时间花在这上面是得不偿失的。也没有庄家可以长期稳定地操作获利，总是希望靠坐庄获利也是不切实际的。市场留给短线交易者的仅仅是需要了解的知识和规律，也就是"知"。这个"知"是意识，是感悟，它只需要短线交易者广泛阅读、勤于思考和勇于实践即可获得。市场是只纸老虎，不需要短线交易者流血流汗，只需要短线交易者阅读和思考，就可以将它收服和驾驭。

对市场的了解，无非是两个方面：一个是对政策面、经济面和资金供给面的了解，这是对大盘趋势的了解；再一个是对个股公司发展、二级市场表现、主力筹码动态等的了解，这是对个股的了解。当然，这种了解是针对初级交易员或短线交易者而言的，即使是巴菲特，在20多岁的时候也经历过这一阶段，这一阶段是回避不了的。

2. 自己是只真老虎

为什么即使面对一样的技术形态和一样的市场消息，不同的短线交易者会有不同的看法和行动呢？实际上，人们对这个世界的了解，是基于这个世界在他眼里投射的部分。每个人的经历和所学所知都是有限的，所以每个人的世界都是残缺的，都是真假难辨的，只是残缺的大小不同、真假的程度不同而已。由此，你自己是怎么看待这个市场的，以及看待方式正确与否，完全取决于你自己的综合知识和判断能力。相比之下，市场是死的，而你才是活的。你只要改变看法，市场可能就不再是原来的市场了，多变的你才是真正的拦路虎。

这只老虎有四条腿。

其一，市场认知。正如上面所述，你要形成全面而系统化的市场认知，才有可能战胜对手，获得超过市场平均收益率的投资回报。你对这个市场的正确认知很重要。如果市场是匹马，你非要认为是头驴而没有意识到你跟大众的差距，这可能是很危险的；但如果市场是匹马，你意识到了而市场大众却都以之为驴，那么市场大众将为他们的错误认知买单。

其二，交易决策。当你有了一定的市场认知后，就会有自己的交易理念，加上你的性格和习惯，就会形成交易决策。市场本身经过了你的过滤，怎么变动都几乎在你的考虑之中，因而市场已不再重要。而基于市场认知之上的交易决策，则如同作战战略和经营战略一样，直接决定了你的成败。愚蠢的、冲动的、不稳定的交易决策，会将你的交易引向亏损和失败。

其三，交易行为。这是一个对交易决策进行执行的过程，似乎很简单。但实际上，几乎所有的工作难点，都不在于决策的形成而在于正确的执行。执行，是一个商业界的难点话题，也是个人理想与现实的差距所在。事实上，很多交易行为往往会受到市场的冲击而发生改变，导致交易决策在犹豫、拖延、冲动、恐惧、反复中无法顺利进行。对某些短线交易者来说，在控制交易行为上所做的努力要远远大于其他环节。

其四，其他人士。有些短线交易者对市场其他人士的指点和小道信息具有免疫的功能，但更多的短线交易者则不具备抵抗诱惑和拒绝偷懒的能力。在当今的信息时代，无人可以隔离信息，几乎也无人敢于隔离信息，真假难辨的信息就像蜜糖一样引诱着无数短线交易者冲向海滩。人们需要信息,但最终多数人也毁于信息,绝大部分没有独立自主能力的短线交易者最终被市场吞没。

对于自己这只真老虎而言,"行"是最关键的,但这个"行"需要有意识的引导或强制性的执行。知易行难,短线交易者需要在此多下功夫。

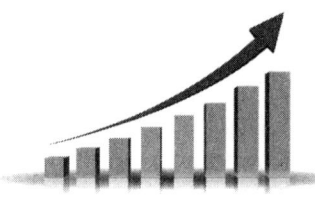

第18招　明确交易策略

简明来讲，交易策略就是在什么阶段该做什么事，如同作战策略，至于如何做则属于战术层面的问题。当交易策略明确后，一旦坚持下去，就会形成交易风格。显然，交易风格只是一种表体，而实际的交易策略则如主动脉一般贯通于整个表体。

在股市里，有很多分析指标和分析工具，如同十八般武器，但无论它们如何厉害，还必须由交易策略来保障实施，方可准确出击，有效制敌。交易策略指导着分析工具往哪里走，又在何时发挥有效的功力，但它本身却是交易理念下的产物。交易理念形同内功心法，保证着交易策略的正确性和可实施性。交易理念是短线交易者在具备了完整的市场观和股市价值观后，所形成的对股市最为纯粹的看法，以及利用股市机能而随之共振的思路。一旦对股市有了本质的了解，短线交易者自然就会形成自己的交易策略和交易方法，在市场中展开博弈。

交易策略往往是唯一的，是用来指导交易的，经得起市场检验的。在进行交易的过程里，将会涉及多方面的问题，而每一个方面都应有相应的交易策略来指导实施。比如：

大盘环境分析策略之一：如果市场资金供应充沛，则牛市不会消退，应持股待涨。

个股股质分析策略之一：绩优股表现稳健，可中线持有；成长股会有动荡，应抓住主升浪。

个股技术分析策略之一：在股价向上突破W底时买入，在股价向下突破M头时卖出。

个股主力分析策略之一：基金重仓的股票有助涨助跌的性质，非待市场转强不可拥有。

市场心理分析策略之一：当市场股评家和媒体一致看好时，若牛市持续已久，应谨慎持股。

交易时机策略之一：当板块集体走强时，及时介入的风险较小，可有选择性地介入。

尤其值得注意的是，前面多数策略属于分析的结论，并由此引发了交易的策略，但具体在实施的时候，会出现一个交易时机的策略问题，这是每一位短线交易者必然会面对的问题。很多短线交易者把买入过程看得太简单，那是因为多数短线交易者的资金太小，一次交易就可以完成，但对于大资金而言，则会出现最佳交易点、次佳交易点、适合交易点等。这些交易点并非是事后诸葛般点评出来的，而是存在于一个多数会出现的未知时空中。比如，如果短线交易者要在股价中部一个即将突破重要阻力位的地方买入股票，那么就会出现四个买入点，分别是：即将突破点、已经突破点、突破后的回档点、回档后再次突破点。显然，即将突破点为适合交易点，有一定的风险；已经突破点为次佳交易点，风险较小；突破后的回档点不是一个值得的交易点，因为不知道是不是假突破的回归；回档后再次突破点为最佳交易点，值得大量买入，风险更小。当然，也有短线交易者会认为股价越往后风险就越高，但这往往是没考虑趋势全局动因、不重视突破的运动能量而表现出的自然胆怯罢了，多数情况下是不值得忧虑的。在实际交易中，有的短线交易者在上述三个交易点都会买入，而有的则只在一个交易点进行买入，这跟个人的交易风格和对个股的把握程度息息相关。

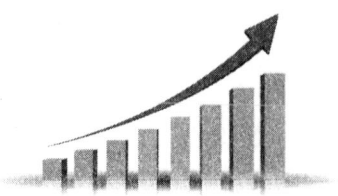

第19招　培养交易风格

短线交易者必须知道，对于今天买进而明天卖出的极短线而言，进、出场的依据是盘感而非其他。普通短线交易者是凭理性分析进行交易的，而极短线交易者则是凭条件反射或本能反应来交易的，进、出场容不得半点犹豫。它是一种身心合一的交易行为，是一种临场捕猎的超高境界。这种模式只适合单独的个体，它需要短线交易者长期的交易经验积累和深厚的技术分析功底，之后即可心无常法，见招拆招。

短线交易的优势就是只追强势股，只随资金流向，势起则进，势弱则退，以最短的持仓时间最大程度的降低所持股票的风险，以积少成多的盈利模式获取弱市中的投资回报。

一般来说，短线交易者的激进型交易风格是：这种短线交易者侧重于短线交易，以短、平、快的方式从中、长线短线交易者手中获得利润，敢于冒险和频繁操作，认为时间越短、风险越小。

激进型短线交易者往往追求高风险、高利润的操作手法，一般是小资金所有者的偏爱。他们敢于追高也敢于探底，常常采用孤注一掷的满仓模式。如果交易时机把握正确，则往往有较大的盈利空间；反之，则容易造成较大的亏损。

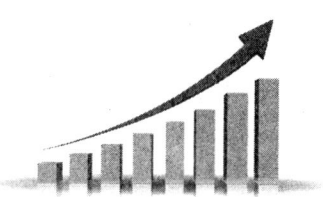

第20招　作完整的技术分析

很多短线交易者在进行技术分析时，往往理不清头绪，甚至不知道要看多少方面的东西，这显然是学艺不精的结果。下面是一张完整的技术分析清单。

1. 看趋势

看月K线图或通过道氏理论、均线系统，看整个盘面的主要趋势是牛市还是熊市。同时关注趋势线的支撑和压力状况。

2. 看阶段

看周K线图，或通过道氏理论、波浪理论、均线系统，看目前趋势属于牛市或熊市的哪个阶段，及当前次级趋势是回调还是反弹。

3. 看区间

看日K线图，通过趋势线或阶段性的、历史性的、整数位的支撑／压力线，以及百分比回撤线等，看回调或反弹的运行空间有多少。

4. 看均线

看10日均线、30日均线、90日均线甚至250日均线的角度、收敛、交叉、粘合、发散、平行等状况有何微妙的变化。

5. 看K线

形态：看在最近的几个月中，图表上有无典型的"M头""W底""V顶""弧形顶（底）"等中、长期K线形态。

角度：用甘氏线察看K线目前运行的趋势角度，角度代表着股价和时间的辩证关系，也意味着股价运动的冲击力度。

组合：看最近一个波段的K线组合，包括在此时间段内的阴、阳线的数量和连续创新高或创新低的K线数量。

缺口：缺口代表一次飞跃，其重要性胜过短期形态，且具有支撑或压力作用，故要看附近有无缺口。如有，是第几个。

K线：看最近几日的K线有无典型形态，再看K线的相对位置、模样和长短，同时关注大阴、阳线的压力或支撑力。

6. 看技术指标

如对技术指标有兴趣，可观看技术指标的极限区状况，以及交叉和背离的状况，但要注意顺势指标和震荡指标的差异。

7. 看成交量

根据股价所在位置的高低，再根据成交量和价格配合的10种关系，继续判断主力的操作思维，把握趋势制造者的节奏。

8. 看移动成本

主要是研究主力的持仓成本，看主力在低位是否获得了足够的筹码，在高位是否意图转手，个股在中间位是否存在着压力区或支撑区。

9. 看盘口动态

盘口动态包括开盘动态、上午盘动态、下午盘动态、收盘动态，目的是看盘口异动状况，同时结合大盘一起察看异同状况。

注意，在交易的时候，你所处的环境（整体技术情况）与位置（价格的高、中、低位），远超过你站立的姿势。即：在价格形态形成前后的市场发展才是交易成败的关键。

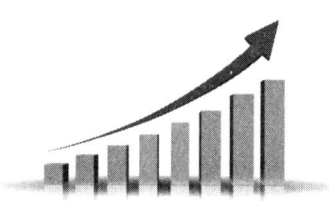

第21招　读懂江恩守则24条

江恩留给后人的著作比较多，他的预测技术涵盖了数学、几何学、星相学等方面的知识，而他的交易规则则来自于自己多年的交易经验和市场统计。他认为，短线交易者在市场买卖中遭受损失的原因主要有三点：

（1）在有限资本上过度买卖。

（2）未设置止损点以控制损失。

（3）缺乏市场知识。

上述第三点是江恩认为短线交易者在市场买卖中损失的最重要原因。因此，江恩对所有短线交易者的忠告是：在你赔钱之前，请先细心研究市场。他认为，在入市之前，短线交易者一定要了解的有：

（1）你可能会作出错误的买卖决定。

（2）你必须知道，如何去处理错误。

（3）出入市必须根据一套既定的规则，永不盲目猜测市况发展。

（4）市场条件及时间经常转变，短线交易者必须学习跟随市况转变。

江恩总结45年来在华尔街投资买卖的经验，最后认为规则重于预测。于是写成了"十二条买卖规则"和"二十四条买卖守则"。前者和图形分析紧密关联，后者则是交易的准则和条款。

"二十四条买卖守则"大意如下：

（1）将你的资本分为10等份，每次入市买卖，损失不超过资本的1／10。

（2）设下止损位，减少买卖出错时可能造成的损失。

（3）不可过量买卖。

（4）不让所持仓位由盈转亏，即：上浮止损点或立即卖掉。

（5）不逆市而为，市场趋势不明显时，宁可在场外观望。

（6）入市时要坚决，犹豫不决时不要入市。

（7）只在活跃的股票中进行买卖，交易清淡的股票不宜操作。

（8）分散风险，如果资金量大，可交易4~5种股票。

（9）避免限价出入市，要在市场中买卖。

（10）如无适当理由就不要平仓，可用止损单来保护你的利润。

（11）在市场中连战皆胜后，可将部分利润提出，以备不时之需。

（12）买卖交易切忌只望收息。

（13）买卖遭遇损失时，切忌加码。谋求拉低成本，可能会积小错而成大错。

（14）不要因为失去耐心而出市，也不要因为急不可耐而入市。

（15）避免赢小利而亏大钱。

（16）入市时设下的止损位，不宜胡乱取消。

（17）避免出入市过于频繁。

（18）与趋势保持一致，不应只做单边。

（19）不要因为价位过低而吸纳，也不要因为价位过高而看空。

（20）小心在错误的时候加码，即防止假突破。

（21）挑选小盘股加码做多，挑选大盘股做空。

（22）永不对冲，即如果有误，立即出局，再等机会。

（23）如无适当理由，坚持你的买卖策略，无趋势明显变化就不要离场。

（24）避免在长期的成功或盈利后增加交易。

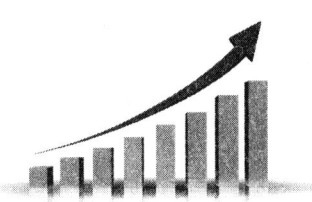

第22招　注重资金管理

很多短线交易者如同难以接受"投机"这个贬义词一样，也往往难以接受"赌徒"这种说法，而实际上，他们的做法却远不如专业赌徒的做法，他们只在乎好听的名声和自以为是的做法。同样是博弈的舞台，很多短线交易者把大量的时间花在了行情的预测上，他们认为，只有"牌"好才能赢，为了寻找"一副好牌"，他们往往将过多的精力花在了市场而不是自身上。力求找到最准确的分析方法，力求找到最值得交易的行情，力求找到交易的圣杯……这不仅使他们陷入了茫然不可知的窘境，也使他们失去了更多的市场机会。相反，即使是他们能够找到最值得交易的行情，也往往无法确信那就是最值得交易的行情。再加上复杂易变的交易心理和短暂的行情反复，看对而做不对的情况经常发生。

既然做对比看对更重要，那么如何才能做对呢？做对不在于短线交易者对行情趋势的准确把握程度，而在于其对未来趋势的应变能力，也就是"见招拆招"的能力。这常常涉及短线交易者对风险的评定，对胜率的判断，对市场机会大小的估算，对未来行情的适应能力，以及其在建仓、加仓、减仓、平仓等环节里的经验。简单地说，做对的通用做法就是：没有值得进场的机会坚决不进；有值得进场一试的机会，轻单进场；出现行情判断失误，及时出场；出现重大利润的机会，分批加码；行情趋势停滞不前，立刻减仓；行情趋势明确掉头，马上离场。

上述这些正确的"下注方式"，总结起来就是资金管理，即短线交易者对自己资金在投资方向和投资节奏上的管理。资金管理方法是区别赢家与输家的关键，成功的交易员总是把正确的资金管理方法列为赚钱的头条原则。无论你是什么类型的短线交易者，也无论你是在用什么方式从市场中盈利，如果你不知道如何管理交易资本，是很难在市场中获得长久生存权的。最佳短线交易者并不是那些偶尔赚最多钱的人，而是那些总是赔得最少的人，他们的风险容忍度通常都很低。

即使短线交易者拥有世界上最好的赛车，在长达数月的赛跑中，也不一定可以跑赢一辆平庸的大众汽车——如果后者的驾驶员为人稳重而经验丰富，且非常在意行驶的安全性和平稳性。同理，即使短线交易者有世界上成功概率最高的交易系统，如果不懂得如何有效执行资金管理法则，也最终会在一次很小的失败概率中以破产而告终，如同曾经是华尔街最耀眼的长期资本管理公司。越想快的人越能想出快的方法，但往往容易出事；越是慢的人越看重稳妥的方法，反而能驶到胜利的彼岸。

资金管理方法，是短线交易者应对不确定市场的盔甲，他能增强你抵抗市场风险的能力，获得异于常人的生存时间。好的资金管理方法，可以：

（1）使你注意对高概率机会的把握。

（2）使你能够重拳出击高回报的机会。

（3）使你了解自己能够承受多少风险。

（4）使你能够应对最糟糕的状况。

（5）使你能够处理利润最大化的问题。

（6）使你知道什么方法是最合适的出场方式。

（7）使你能够将亏损降到最低点。

（8）使你能够保住最珍贵的交易资本。

（9）使你能够处理大资金的稳定增值问题。

（10）使你能够避免赌博式的交易心态。

第23招　理顺资金管理3个方面

资金管理是对投资资金在投资方向和投资节奏上的管理，如果投资资金仅仅局限于股票市场中的买卖行为，那么将涉及组合、仓位、时机三个方面的管理。当然，短线交易者也可以将资金用于"打新股"、"参与定向增发"等特色交易，但这里不另行阐述。

1. 组合：投入方向

对于大资金而言，集中投向于某一只股票所面临的风险比较巨大，所以必须分散投资，进行组合式投资。所谓组合式投资，就是依据某些市场理论和经验，将资金分别投到多只不同属性的股票当中，或投到不同的交易市场当中，当单一品种、单一市场出现反向运动的时候，以避免出现重大亏损。被短线交易者锁定并介入的多个品种和市场即为投资组合。

投资组合的目的不只是为了盈利，更重要的是为了防止大资金的系统性风险。因为相关性越强的股票，同步反向的风险越大；而越是重仓的单一股票，其反向的风险也越大。组合式投资的原则就是要求短线高手最大限度地降低品种单一的风险，不要"将所有鸡蛋放在一个篮子里"，同时也不要对投资对象采用平均主义的做法，而应有侧重、有技术地进行分散投资。

投资组合往往涉及三个层面的内容：

（1）不进行单一品种的投资交易。交易对象可以包括股票、债券、权证等品种。

（2）不进行关联行业的组合投资。比如生产制造业和公用事业的关联度较低，可以同时考虑。

（3）进行多周期的投资组合。交易中应包括长线投资品种和短期交易品种等。

但是在运用投资组合的时候，要注意把握资金分散的尺度。分散是指对非关联交易品种的分散，但它本身也要讲究集中的原则，不能无限制地分散，造成开杂货铺的后果。一般来说，面对千余只股票，短线交易者能够有精力管好的股票数量不会超过9只，这9只股票还有可能涵盖了短、中、长线三种交易风格。但要注意，在漫长的熊市里，对于大资金而言，空仓才是明智之举。

2. 仓位：投入多少

所谓仓位，就是短线交易者在个股上的持股数量或资金投入。仓位往往有两种界定方式：一种是额定仓位，即计划在某股上的持股数量或资金投入总额；另一种是流动仓位，即仓位将有一个从零到部分满额直至全额而后又逐渐减到零的过程，它始终处于一种流动的状态。

对额定仓位的计算比较简单，只需要符合短线交易者一贯的交易风格，并对报酬、风险比进行评估后即可确认；而对于流动仓位的管理则比较复杂，它需要短线交易者严格执行建仓、加仓、减仓、平仓等的管理标准，同时需要短线交易者丰富的交易经验。

对于仓位的管理，最简单的标准就是：风险大而机会大的，持仓数量减少；风险小而机会大的，持仓数量增大；做短线交易的，持仓数量减少；做长线交易的，持仓数量视报酬、风险比而增加；大盘股，持仓数量可以视其他综合条件而增加；小盘股，持仓数量相应减少，除非是坐庄；等等。

具体到策略上，可分三步走：

其一，根据大盘性质来确定入市资金。比如，牛市中使用90%的资金，平衡市中使用50%的资金，熊市中使用30%的资金，等等。

其二，根据交易对象来确定建仓资金。比如对于个股而言，当风险小于收益时可及时介入，甚至加仓；当风险大于收益时不可介入，有股票的应考虑减仓；当风险等于收益时，没必要进场，有股票的可继续持股。

其三，根据短线交易者自身的交易风格来控制仓位。不同的短线交易者有不同的交易风格，自然就会看准不同的交易时机进行建仓、增仓、减仓、平仓等动作。

3. 时机：何时进出

在买卖股票的时候，如果资金量比较大，短线交易者很难一次性交易完所要买卖的股票数量，于是就往往会给自己规定一个交易时间和买卖价格的限制。比如，在购买股票时，短线交易者可预先确定好最佳买入区间、次佳买入区间和适合买入区间，并做好每个价格区间的资金投入准备；而在减仓和平仓的时候，也必须考虑好适合的价格区间和时间段，避免和主力出货相冲突。

事实上，股票市场和股票的运作是有周期的，在什么时段介入什么品种是短线交易者应该具备的经验；而在什么时段进行建仓、加仓、减仓、平仓等，则是技术分析混合市场经验的成果；随同的操作数量，则取决于资金管理的经验。

组合、仓位和时机，这三个方面常常是牵一发而动全身。当市场风险增大的时候，不仅投资组合会发生变化，品种仓位也必然会作出调整，调整的时机也必然会同步考虑。

开盘短线交易及盯盘技巧

第24招　开盘短线交易4阶段

开盘短线交易的操作是一个流程问题，一般有4个阶段：

（1）9：15～9：20，根据政策面、近期热点转换以及今日集合竞价的状况，预测大盘上午和下午的走势，或全天最终是收阴、收阳还是收十字星，多数个股最终还是扭不过大盘的。

（2）9：20～9：25，根据今日集合竞价的状况，预测今日涨／跌幅靠前的板块是哪几个，看有无板块联动的现象，板块的优劣也很重要。

（3）9：25～9：30，按"67+enter"快速浏览涨幅靠前的个股，最好能看到涨幅为2%的位置。如果涨停的股票超过了10个，直接看涨幅为7%以下的股票。

看图时，主要看以下几个方面：

①按"ctrl+r"，查看个股所属板块（以通达信软件为例），看究竟是什么板块或概念在启动，这些板块或概念在当日成功启动的概率有多大。

②点击"信息地雷"，察看个股当日有无重大信息披露，及时对利好消息作出反映，高位的利好消息尤其要引起警惕。

③看K线图及其均线。

④看右边信息栏里的"流通盘、市盈率、换手率"等数据。

⑤看右边信息栏上方的买卖盘挂单，以及下面的首笔成交记录。

（4）将看好的股票加入到"每日自选股"，方便9：30之后再次过滤或快速选择。记得每天9：15前先清空"每日自选股"，避免混淆。

第25招　开盘概念板块分析

在进行开盘短线交易时，9：15的集合竞价行为是很重要的分析要点。集合竞价是多、空双方争战的第一个回合，交易者如果能认真细致地分析集合竞价情况，就可以及早进入状态，感知大盘当天运行的趋势信息，同时发现集合竞价中稍纵即逝的机会。

9：25的时候，所有股票的集合竞价数据已经出来。在9：25～9：30这5分钟里，交易者应就集合竞价的状况，快速看清楚个股六个方面的信息：概念板块、信息雷达、K线图、基本数据、挂盘数据、成交数据。以上顺序是按其重要性来排序的，即概念板块最重要，成交数据最次之。因为盘口的那点小文章，或真或假都抵不过前面的K线趋势或内在属性。下面分别论述。

概念板块看什么？

（1）是什么概念在起作用？该概念新不新？越新越好，新东西无法及时估值，易于炒作。

（2）是否是旧概念的再次活跃？曾经涨幅较大的板块再次活跃，也往往只是短期的反弹行情。

（3）概念有无实质性的意义？所谓实质性意义是指概念能否带来真实的业绩增长，包括重大重组、业绩提升和新市场被发现等。

（4）是主流题材还是非主流题材？是中期题材还是短期题材？不同的题材有不同的寿命。

（5）市场的反应热度如何？如能迅速带动大盘放量上涨，说明热点的出现正当其时，深得人心。

（6）与概念相关的板块质地如何？所谓质地，就是看板块背后的上市公司是否整体具有较好的价值，比如整体的业绩提升、市场前景普遍看好和公司利润普遍不错等。

（7）板块是否具备联动效应和比价效应？不具备联动效应和比价效应的板块，往往很难形成具有重要影响力的领涨板块。

（8）被影响板块是否概念清晰？或历史规律清晰？若不清晰，则市场大众无法及时识别，不易跟风。

（9）被影响板块的股票数量多不多？数量少于10家的，不易于吸引大资金整体介入，行情易夭折。

（10）被影响板块的平均流通盘大不大？平均流通盘太小（如5 000万股以下）或太大（如10亿股以上），都不易吸引市场大资金的兴趣。当然，这是针对熊市而言的。

（11）整体板块是会被基金炒作还是游资炒作？弱市里被基金炒的往往涨幅不大，而被游资炒的则往往短期涨幅惊人。

（12）同板块内的主要股票是否具备连续走强的技术条件？比如领头羊及其同类股票的上档是否有明显的阻力，是否纷纷处在高位等。

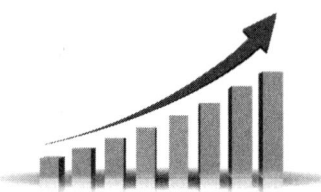

第26招　开盘K线分析

开盘K线图看什么？

（1）看目前股价趋势是牛市态、牛市回调、高位整理、持续历史新高、还是熊市态、熊市反弹、历史底部整理、持续创历史新低。

（2）看主力现在处于吸货、打压、洗盘、拉升、出货的哪一阶段。

（3）看最近1年的成交量情况，判断主力是否存在、是否出局等。

（4）看近期（如2个月内）的股价涨跌和成交量的情况，具体是继续拉升、平台整理，还是回调后向上。

（5）看昨日K线的形态，以及分时图的现象，还有成交量的配合情况。尤其是看分时图拉升的时间段，同时关注成交是不是很稀疏，千万不要买成交稀疏的股票。

（6）看均线的排列、交叉、黏合、发散等状况。

（7）看今日高开后是否会遇到前期的密集成交区，如是，则继续上涨会遇到较大的阻力。

（8）看今日持续高开后是否会遇到来自底部获利盘的抛售，如是，则不必急于进场。

（9）总之，值得跟进的股票的K线图往往都没有开在高位，但看上去很有美感或呼之欲出。

在上述第（7）点中，提到了阻力区的问题，这里，就个股阻力区和真空区做进一步的阐述。通常而言，短线交易最重要的两个要素是空间和速度，即个股要能在最短的时间内获得最大的涨幅空间。但是，这两个因素却往往被个股技术面的东西所阻碍。很多原本被看好的个股行情戛然而止，往往是因为其上升趋势遇到了重要的阻力区；而有些行情之所以能够肆无忌惮地快速上涨，则往往是因为其目前处于真空区。可见，是阻力区和真空区这两个因素在阻碍着个股短线的发展。交易者只有深刻地了解阻力区和真空区的概念，才能够对市场的价格运动具有前瞻性的把握，知道何时应该进场，何时应该出场。

（1）阻力区往往包括两个区域：

①密集成交区。在过去的密集成交区，由于累积的换手率大，意味着在一部分交易者出局的时候还有更多的套牢盘存在。因此，哪个区域的历史成交量越大，则股价上升至此区域价位时的阻力就越大。当然，这个区域的有效性跟时间因素密切关联，一般来说，2年内的密集成交区都会对现在的股价构成影响，而且越是近期的密集成交区，对股价现行趋势的影响越大，因为很多该区域的持股者还没有换手。

②波段的顶部与底部。在行情反弹的时候，过去某一段时间所形成的底部往往会成为具有一定影响力的阻力区，到那里就会碰到很多的套牢盘；而过去某一时期重要的阶段性顶部，则更有可能成为现在行情的阻力区，使诸多交易者担心现有行情是否冲得过去。

当个股即将受到这些阻力位压制的时候，交易者要考虑其风险性；而当个股试图突破这些阻力位的时候，交易者则要考虑突破的真实性和有效性。一般而言，对于密集成交区的突破往往会形成有效的突破，而对于重要的波段顶部与底部的突破则往往会形成虚假的突破。因为突破密集成交区时，换手会非常大，没有大量的真金白银是过不了关的。

（2）所谓真空区就是介于上、下两个阻力区之间的区域，具体存在于：

①介于上、下两个密集成交区之间的区域。

②介于波段重要的顶部与底部之间的区域。

③介于密集成交区与波段顶部或底部之间的区域。

当股价运行在真空区时，处于一种阻力较小的状态，因而导致"趋势总是沿着阻力最小的方向作加速运动"。比较长的真空区的存在是短线强势股上升的有利条件，也是在操作短线个股时要注意的重点。但是交易者也要明白，加速运行的个股形态通常处于真空区之中，但处于真空区的个股形态却不一定会产生加速运动。因为市场的加速运行是由多种要素决定的，而真空区只是其中的一个要素。

第27招　开盘数据分析

1. 基本数据看什么？

（1）看流通盘。流通盘最好在5 000万～4亿股之间，太大了，主力操作资金可能不够用。

（2）看市盈率。市盈率指标对于短期暴炒的股票无效，但太高（如300倍以上）或无法显示（因为亏损）的市盈率则会影响股价后期的连续上涨。同时，从市盈率指标中也可以在第一时间分清主力的性质，一般而言，市盈率低于100倍的基本上是基金和机构的持仓品种，大于100倍的、几乎无人过问的品种才轮到被游资暴炒。但要注意，不同的市道其整体市盈率是不同的。

（3）看换手率。首笔成交的换手率低于0.01%或高于2%的都不大理想。

2. 挂盘数据看什么？

（1）总体买数多不多？是比总卖单多还是少？总买数超过总卖数至少在目前来看是件好事，但下一步就不一定能仍维持该局面。

（2）买一处是否有大单，给人以强力吃进的感觉？如果有，则能反映出主力吃货的决心或顶盘的用意，但要防止大抛单跑出来。

（3）买三至买五处是否有大单护盘？有护盘往往说明主力有备而来，但也要看主力是真护盘还是假护盘。

（4）是否买盘全为绿色或仅有买一处是红色？大片绿色买单说明今日价格跟不上，可能现在的高涨只是偶尔的一笔大买单行为，也可能是主力在做阴线图，尤其危险。

（5）看买一至买五的价格差距大不大？如果大，说明跟风不积极，后防不坚实。

（6）看相对于流通盘而言，有无巨大的买单（如5%的流通量）出现？巨大买单往往是主力实力的显露，但要防止其撤单。

对于卖盘的看法，反过来也是一样的道理。

3. 成交数据看什么？

（1）首笔成交的手数是不是太少？对于流通盘为5 000万股的股票，如果首笔成交没有200手（0.04%的换手率），就不值得重视，最多也只会出现主力吃货而使股价攀升的行情。对于首笔成交只有几十手的个股高开行为，后续结果往往是当日成交稀少，且收阴线（不排除主力刻意做K线的行为）。

（2）首笔成交的手数是不是太多？如果成交手数巨大，比如达到了2%的换手率，那么则意味着多、空双方意见分歧巨大，即使个股当日走强，也常常会因为消耗了太多的多头力量而走向衰败，或因为大量散户的介入而导致后期整理过程的发生。

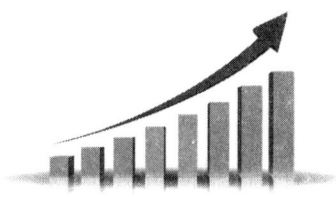

第28招　分析主力资金性质

在做短线的时候，交易者必须能够判断出主力资金的性质，这对于掌握个股后期拉升空间和卖出时机很有帮助。以下是一些交易经验：

（1）市场介入者基本上分为三类：一类是以基金为代表的国家队，一类是以游资为代表的民间队，第三类则是散户。他们的性质及特征如下：

①基金为代表的国家队包括公募基金、阳光私募基金、QFII、社保基金、保险资金、信托资金等，其特点是都被管理层严密监控，所持股的走势比较稳重，非大势所不动，属于君子有所为有所不为的那一种情况。这类机构通常只做风险低且有价值的股票，垃圾股和亏损股一概排斥于门外，他们要盈利只有等到牛市来临，他们是牛市里的王者，同时也是熊市里的输家。所以在熊市里，最好不要短线买入基金类机构持仓的品种，除非是有很好的板块概念出现。

②游资由部分私募基金、机构、大户、资深股民构成，在熊市中是纯粹的超级短线爱好者，只要有机会可以利用，他们就会动手操作，往往来去如风。他们的风格是：牛市跟风走，震荡市很活跃，熊市很大胆。他们在牛市里做中线，在震荡市或熊市里做超短线。亏损股或高市盈率股，这些无人敢碰的个股往往就是他们暴炒的对象。他们的方向盘是市场消息和市场心理，而不是股票价值。在熊市或弱市里，如果开局不利，他们往往在第二天就会斩仓出局，心狠手快，纪律鲜明。但有部分私募基金、机构、大户偏好基金的中线风格，他们自诩是做大事的，是人中君子等等，对超级短线不屑一顾。这部分对象的交易风格介于基金和游资之间，所选的品种也介于两者之间。

③散户就是墙头草了，随着基金和游资摆动，没有主导市场的资金、技术和人力，多数是市场的小鱼小肉，不被市场前两大阵营所关注。

（2）在熊市里，基金做短线的机会很少，主要是游资和偏基金风格的机构在做。但在操作手法上，游资和偏基金风格的机构是不同的，主要表现如下：

①游资敢于独家捕捉亏损股或高市盈率股；而偏基金风格的机构则往往会规避这些股票，但由于大多数优质股被基金所盘踞，而大盘股他们又炒不动，所以50~100倍市盈率的股票以及次新股往往是他们选择的目标。

②游资往往游走于个股之间，持仓时间常常在1~15天。在刚开始介入个股的时候，他们是没有筹码的，由于运作周期短，他们往往以快速拉升或以涨停板的方式来建仓，所持股票的行情特点是暴涨暴跌；而偏基金风格的机构则不同，他们往往手中有一定的筹码，既可以做中线交易也可以做短线交易，只要形势好，就会拉涨停。

③游资是短期资金，不想失误被套，所以往往只吃盘不护盘，见势不好就会撤，买一位置之后常常无大单；偏基金风格的机构则因为前期收集的筹码较多，在整理完毕后可能会开盘即封死涨停板，杜绝散户介入。如需散户跟风，则往往会在买一位置之后挂大单护盘，向市场显示其积极做多的用意。

④在基金持仓的个股没有出头的时候，通常首笔交易就使个股涨幅超过2%的高开行为，往往是游资和偏基金风格的机构之杰作，但交易者有必要在第一时间区分出究竟是游资临时的介入，还是偏基金风格的机构在突然拉升。前者缺乏筹码，急拉的过程中还会等抛盘，开盘后大家都有机会，但第二天个股可能就会冲高回落；而后者则积累了一定的前期筹码，易于突然拉涨停，且因为主力筹码多所以后期涨幅空间大，介入者可以不慌不忙地出货。

此外，如要分辨他们，还有三点可供参考：其一，如果个股频繁有利好透露，则可能是机构早期就已经介入，游资是不会去抬庄的；其二，如果市盈率在50~100倍以内，则可能是机构的控制品种，轮到游资能哄抢的好股几乎没有；其三，如果盘口买二至买五处有大单守候，可能是机构护盘且做多的体现，也说明其早有筹码，现在需要人来抬庄。

第29招　开盘短线交易寻规律

每天早上，股市涨停的身影总是存在，即使是在市场出现近1 000家跌停板时也没有杜绝过。因此，股市每天都可以获利的想法，总在不停地冲击着交易者的头脑，促使其冲动交易和随意交易。但交易者应该知道，市场里聪明的交易者成千上万，会自动修正无风险的获利或暴利现象，早盘可能并不是很好的介入时机。比如，2008年5月，是一个标准的熊市里的震荡期，是一个较好的短线操作时间段。但是经过了一个月的短线数据统计后，其结果却不尽人意。当月短线统计结果及其操作经验如下：

（1）一字型涨停个股是最有可能连续涨停的，但矛盾在于：这往往是主力很看好的品种，一般交易者很难买得到，轮到交易者买入时，往往已是第二、第三个一字型涨停板之后的事了。但是交易者必须记住，宁可去抢一字型涨停板第一次打开又即将封住的时刻，或者抢几个一字型涨停板之后的第一个高开日的中间时段，也不能在开盘时去抢第二个涨停板或者更后面的涨停板。原因是前两者经过了卸压后再封停，说明主力看得更远；而后者则没有经过卸压就继续封停，等你一旦排上了队，则有可能出现从涨停板到跌停板的现象。如果交易者两天就损失25%以上的资金，其打击无疑是致命的，为了一个10%的涨幅去冒25%的风险，不是明智之举。

（2）高开后的品种相对容易买得到，但矛盾在于：如果主力真的很看好，应该是涨停开盘而不是拉高开盘。对于高开的品种，如果能够在10点前封住涨停板，明天还有继续上涨的希望；如果不能，那么明天获利出局时的利润将很少，甚至于难以获利出局。原因很简单，前者是主力快速吸货或快速吃掉抛盘后直接封涨停板，杜绝了散户的大量跟风，使其第二日拉升的压力较小；而后者则因为进入了大多的散户，导致主力第二日无法快速拉高，需要进行洗盘的整理动作。所以，太晚的涨停板交易者就不要追了，进得去不知道什么时候出得来。除非你看得早，比如在涨幅为6%的时候就已经介入，而后个股恰好能够涨停。但第二天9：35分前要注意获利了结，除非某概念仍在大行其道，或第二日大盘开始转强。

（3）每天高开5%以上的个股中，往往容易出现在开盘1~2分钟内封死涨停板的现象。这常常是主力决心做多的结果，也是诸多超级短线者一致看好的结果，但他们并不是看好该股的内在，而是凭经验一致看好该股目前的技术形态和开盘状态，同时理解出现这样的情况意味着什么。在开盘1分钟内就抢入，完全是一种赌博的行为，因为交易者不是主力，不知道个股会不会马上封住涨停板，而当时又无其他当日走势可参考。但是，如果高开5%的股票属于近期内的首次高开，那么当日开盘后1~2分钟内封住涨停板的可能性是很高的。

（4）至于高开2%~5%的非高位个股，多数为主力试盘或散户抢单的行为，看得见的机会往往不是好机会。如果能够在第一时间追高买进这些股票，那么个股有20%的概率会在10点前涨停，有20%的概率会在10点后涨停，有30%的概率在高位盘整，有30%的概率会最终下跌。以做10次这样的交易来计算，10点前涨停的可能总计有15%的第二日卖出收入，10点后涨停的可能总计有5%的第二日卖出收入，高位盘整的可能总计有-5%的第二日卖出亏损，最终下跌的可能总计有-15%的第二日卖出亏损（即当日亏损7%，第二日低开1%），可见，综合10次的收益几乎为零，这还得要求交易者必须当断则断，毫不手软，否则恐怕总收益将为负值。统计结果也显示，交易者很难判断出哪种股票会出现第四种概率，尤其是要在5分钟内要对近20个品种做唯一选择而开盘买单又如潮水般涌入时；而更有甚者，冲高7%但当日收盘为-2%且第二日低开2%的品种比比皆是，这就更加大了第四种概率的实际风险。交易者可以避免主力对敲的陷阱，可交易者无法排除无数和你一样聪明的大户积极买入的行为，但他们不是市场主力，一旦跟风不足，后果是很严重的。

（5）统计结果还显示，追击高开2%~5%的非高位个股时，只有两种状况的风险比较小。一个是在熊市急跌且大跌后，可以开盘追严重超跌的反弹股，个股主要特征为：严重超跌、价格偏低、流通盘不大、前期成交量萎缩、主力高开拉升。因为市场此时迫切需要"涨停板敢死队"的出现，以解决每天躁动的资金饥渴问题，而此时，由于是游资突然发动行情攻势，主力尚无货源，所以眼疾手快的交易者可以在9：35前获得部分低价筹码。但在熊市的弱势里、明确的下降通道里、预计大盘会跌或局势不明的情况下，跟风会严重不足，此时不宜开盘追击，即使是开盘后某板块集体启动也不行；再一个是当天有重要的、实质性的新闻题材而某板块将同时启动的时刻，也是风险小而盈利高的时间段。除此之外，风险小的恐怕就只有一字型涨停股票了，其余林林总总的高开涨停，多数没有什么价值，除非交易者提前买套。

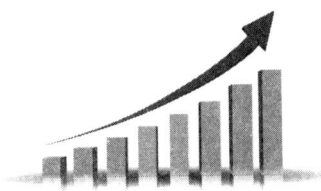

第30招　超级大户可做一回超级短庄

如果交易者想摆脱一些概率的束缚而获得更高的回报，那么就必须成为短期主力，有足够的资金影响短期内的股价。那么交易者如何做短庄呢？以建仓的时间来看，主要有三种方式：第一种是先花一周的时间吸取少量的底部筹码，这需要市场给你足够的时间；第二种是利用一天的时间进行逆市拉升吸筹的动作，这适合于能够准确预测大盘第二日即将转强的状况；第三种是以开盘涨停的方式来吸取筹码，这适合于没有时间提前建仓的突发性行情。

下面以没有时间提前建仓的超跌反弹为例。假设某股流通盘为1.5亿股，现价为9元，已经深跌60%，其中后期两周急跌30%，两周的换手率为10%。如果主力想快速做一波超跌反弹行情，又判断大盘将在明日走强，则可以进行如下的操作：

先通过一天时间的快速封停及打开涨停板的动作，获得4%的筹码，即600万股，所需资金大约为6 000万元；第2天直接用5 000万元资金封死涨停板，然后在中途撤单，两次打开涨停板，把昨日4%的筹码抛掉，最后在11点前封死涨停板。当天的换手率大致为10%，其中散户卖量大致为6%，几乎全部是过去的套牢盘或微利盘；而主力当天又承接了3%的新筹码，大致是在开盘封停时获得了1%的筹码，两次再封停时各得0.5%的筹码，全天其余时间共得1%的筹码，5000万元封单资金全部用完。

两天内该股上升20%，换手率为14%，但还没有回到急跌前的平台处。前期急跌过程中10%的买入者，因获利出局的大致有7%；因还未到解套位置，又因个股涨势凌厉而大盘好转，会使散户误以为旧庄开始绝地反弹，所以前期套牢盘在这两日内的抛量应该不大，大致为3%；再加上主力抛售的4%，这就是两日14%的换手率的由来。这些解释基本符合股价的运行规律。

因该股第二日上午11时就被大单封死在了涨停板上，且当日换手率为10%，给市场制造了主力仍在积极吸筹的假象，所以只要主力再用500万元资金在第三日进行高开的动作，是比较容易吸引跟风盘的。主力可以在股价急涨到5%的时候分批出货，3%新筹码往往只要在30分钟内就可以抛售完毕，而股价大致也不会跌穿昨日的收盘位。预计当主力出货完毕时，该股的换手率为5%，当日总换手率将超过10%，且股价可能会持续下跌。至于主力用500万元新买入的0.3%的筹码，则可在第四日以略亏的状态出局。

如此经过4日，整个短线坐庄过程结束。主力第一天的筹码盈利为660万元，第2天的筹码盈利为110万元，总计盈利770万元，扣除交易成本：1.15亿元×0.4%≈50万元，以及第四日略亏的20万元，主力4天大致的盈利为700万元，投资回报率大致为6%。当然，如果主力在大盘行情转强的时候继续拉高，运作周期达到5天，那么所得的收益可能会更高一些，估计会达到8%。

由此可见，即使是主力做短庄，一周的收益率也不过8%，这还不包括无法顺利出局的风险和遭前期旧主力打压的风险。相反，在一周内看准某个时机，用全部资金跟随大盘股做一次投机性的交易，其收益可能都不止8%。这也是为什么在没有概念爆发的时候，游资暴炒的次数越来越少，而且周期也越来越短的一个重要原因。但是，也会出现部分主力5天获利超过10%的现象，但这往往是操作低价股的原因。因为一周内的股价上升空间是有限的，只有降低资金的占用比例，才能提高资金的投资回报率。

从这个例子中，交易者可以看到，很多个股的走势其实都已经被主力计算好了，剩下的就是看主力如何用常规的技术法或反常规的技术法来实现了。当然，主力的操作策略往往不止一套，还会有2~3套应急的预防措施，以防止行情与其预测相反。

第31招　如何快速看盘

作为一个短线交易者，在开盘后应当抓住重点，快速浏览盘面以下主要内容，以便胸有成竹地排兵布阵。

1. 沪深两市涨幅第一板

所谓涨幅第一板，是指在通达信软件中，按"61+回车键"察看沪市A股涨幅排行榜、按"63+回车键"察看深市A股涨幅排行榜、或按"67+回车键"察看沪深A股涨幅排行榜时，排在电脑屏幕上第一板的个股涨幅数据。它们是当前市场上所有最强势股的云集地，炒短线就是追击这些极端强势股，因为它们代表着资金流的朝向，代表着近期内风险最小的运动趋势。

就2008年熊市震荡期里的状况来看，第一板个股的涨幅体现着如下的规律：

（1）在沪深两市第一板中，如果有20只以上的股票涨停，则说明市场处于超级强势状态，大盘背景为个股的表现提供了良好条件，短线操作的风险小。

（2）在沪深两市第一板中，如果有10只以上的股票涨停，则说明市场处于强势状态，大盘背景为个股的表现提供了一般条件，短线操作要谨慎。

（3）在沪深两市第一板中，如果涨停的股票不超过5只，则说明市场处于弱势状态，大盘背景没有为个股的表现提供有利条件，短线操作应持观望态度。

（4）在沪深两市第一板中，如果只有1~2只股票涨停，则说明市场处于极端弱势状态，大盘背景没有为个股的表现提供操作条件，短线操作应停止。

在看以上数据时，交易者应知道大盘变盘是很容易的，要随时保持警惕。

2. 大盘的趋势方向

大盘和个股是互动的，呈现出互为因果的关系。当个股集体启动时，大盘一般会上涨；当大盘下跌时，一批强势股也会跟着下跌。切不可只盯着大盘的涨跌看，而忽视了板块和指标股的状态。两者一起看，相互比较、相互印证，才是最佳的看盘之道。

（1）大盘趋势波的低点不断上移，而高点也不断上移，黄白两条线处于紧密朝上的走势，且涨幅大于3%，属于单边上扬的超级强势状态，短线操作可坚决展开。

（2）大盘趋势波整体呈现不断上移的趋势，但高、低点偶有重叠，属于典型的震荡上扬行情，短线操作可以视目标股的具体情况而展开。

（3）大盘趋势波围绕着昨日收盘处的水平线做横向波动，高、低点反复重叠，上下震幅不超过1%，属于典型的牛皮市道，短线操作应持观望态度。

（4）大盘趋势波的低点不断下移，而高点也不断下移，黄白两条线处于紧密朝下的走势，属于弱势格局，短线操作应停止。

注意，要关注黄白线的分歧状况，如果它们的差距大于1厘米时，相比于过去的紧密同步就意味着出现了问题。最后，总有一根线会向另一根线靠拢。

3. 个股涨／跌家数对比

个股涨／跌家数是多、空双方争斗的阶段性成果，察看即时的大盘涨／跌家数，可以防范大盘变盘，提前预知大盘下一步的走势变化。

（1）大盘上涨时，上涨家数大于下跌家数，说明大盘上涨自然且真实，意味着大盘强势，短线操作可以积极展开。

（2）大盘上涨时，下跌家数却大于上涨家数，说明有主力在拉抬指标股，意味着大盘假强，短线操作应视目标股小心展开。

（3）大盘下跌时，上涨家数却大于下跌家数，说明有主力在打压指标股，意味着大盘假弱，短线操作应持观望态度，因为不知道大盘最终站在哪一边。

（4）大盘下跌时，下跌家数大于上涨家数，说明大盘下跌自然且真实，意味着大盘弱势，短线操作应停止。

4. 五分钟涨／跌速排名

对于五分钟涨速排名而言，交易者可以发现现在有什么股票正强势攀升，也许正是它们才带动了大盘的"翻红"。但如果仅仅是凌乱的个股形成了上涨的走势，就没有什么太多操作的价值，只有某一个板块中的个股在同一时间都出现在该榜的前列时，才意味着板块可能要整体启动了。一般来说，能够形成真正上涨走势的短线股，往往会驱使整个板块同步上涨。

对于五分钟跌速排名而言，则正好相反，它往往能解释大盘快速"翻绿"的原因，是一个判断大盘的先行指标。

5. 沪深两市跌幅第一板

沪深两市跌幅第一板是用来辅助判断大盘趋势的指标。如果跌停的股票多，则大盘处于不利的地位；如果跌停的板块属于曾经的主流板块，则说明过去的主流热点开始集体退潮；如果跌幅深且靠前的都是大盘股，则大盘当日难以有好的表现；如果跌停的数量越来越少，跌幅越来越浅，则说明大盘有好转的迹象。如此等等，不一而举。

6. 今日总金额排名

今日总金额排名是用来辅助判断大盘趋势的指标，但他反映出的是大资金的流向。通过这个指标，交易者可以知道当日交易资金最大的个股是哪些，它们同时也代表着一个个板块。如果成交金额巨大且个股呈上涨趋势，说明有增量资金进入该股，同时该板块往往也会有不俗的表现；如果成交金额巨大且个股呈下跌的趋势，说明有大量资金撤离该股，同时该板块往往也会出现同样的迹象。如果该指标中多数成交金额大的股票都呈绿色显示，则意味着大量的资金正在撤离一些个股及板块，而这些成交金额大的个股往往就是指标股，因而大盘当日难以有好的表现。

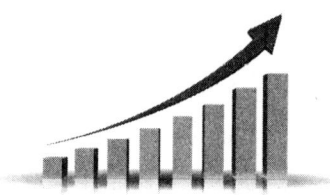

第32招　短线盯盘技巧

1. 多股同列

这是一个最基本的抢短线的看盘方法，它可以将目前沪深A股市场上所有涨幅排在前面的个股逐一以K线图或以分时图的方式显示出来。尤其是在显示分时图的时候，只要屏幕足够大，涨停板何时被打开、一直高位整理的个股何时开始突破等，都会很清楚地展现在我们面前。甚至于成交量都是随图同列的，更有利于把握量价关系，时时监控强势品种。当交易者用鼠标双击某股时，就可以切换到该股的独屏显示状态；按F5键就可以正常切换到K线图状态；按ESC键，又可以退回到多股同列的窗口。

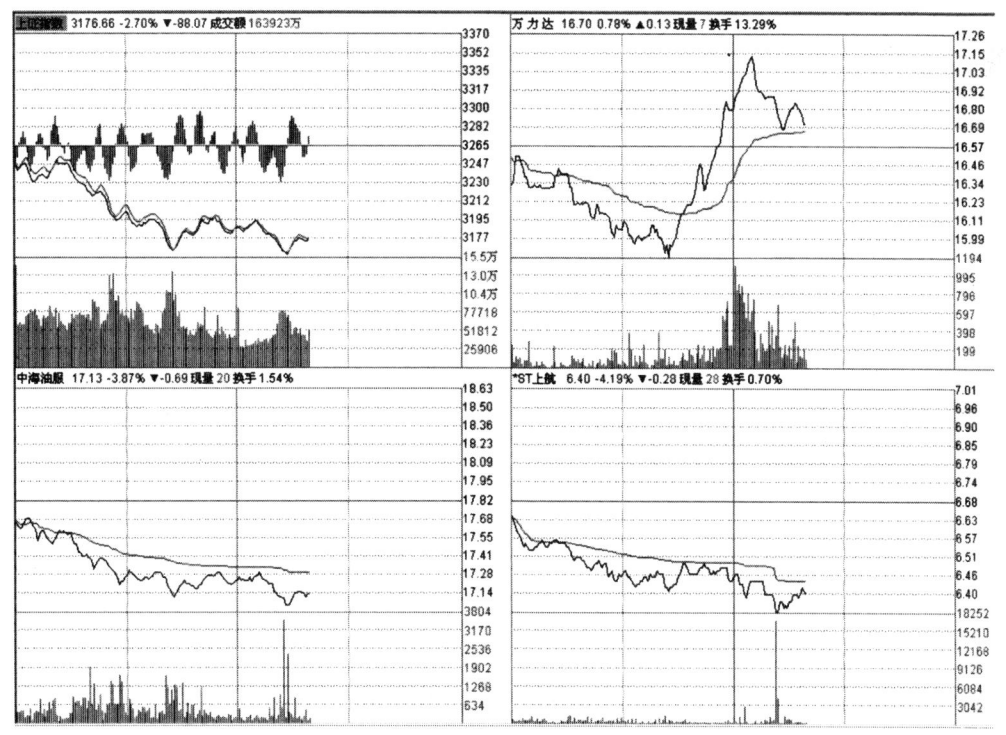

但它也有一个不足的地方，就是目前市面上所有的分析软件都不能够提供时时更新的、按涨幅大小排列的多股同列数据。如果交易者现在看到的是12只涨幅靠前的股票，即使是过了30分钟，屏幕上显示的还是这12只股票的即时数据，除非交易者再重新查看一道排序状况，否则后面新冒出来的涨停品种就无法显示出来。在通达信软件中，可先按"67+回车键"，调出沪深A股涨幅排行榜，然后点击排在第一位的股票，当该股显示出其界面后，再按"ctrl+m"即可调出"多股同列"的窗口，新窗口将按照沪深A股涨幅顺序进行排列。至于一个界面显示几只股票，则可以由交易者在主菜单"察看"中的"系统设置—设置1"里进行选择。如上页图，使用多股同列就可以同时观看大盘和3支自选股的走势。

2. 市场雷达

这是一个有点小作用的工具，通过它，软件可以自动、时时地为交易者捕捉到事先确定好搜索条件的股票，并以画面或声音的方式进行报警。左边是市场雷达的设置界面，交易者可以自由进行设定；右边是市场雷达设置好后，系统自动跳出来的报警界面。点右上角的小图标，就会跳出市场雷达的设置窗口。

如下图，按左图设置了市场雷达后，符合雷达搜索条件的个股将及时在右图中提示出来。

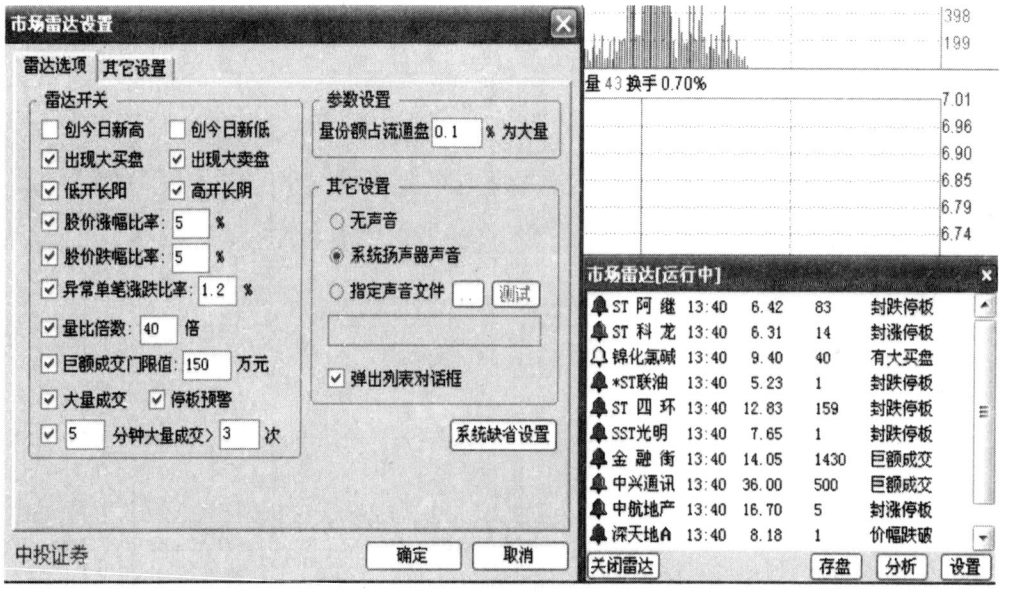

第33招　短线如何看大盘

　　做短线之前，交易者必须先对大盘进行判断。如果大盘走势在今日及明日都预计为不理想状态，那么主力是不会轻易拉停股价的，即使有过涨停也往往容易被打开，所以交易者不要被开盘拉停的现象所迷惑。虽然弱市逞强容易获得筹码也不易吸引跟风，但若主力明、后两日无法出局，则其短期资金必然受限，后期进退两难，也使跟风者难以获利。而且在市场上，总是会出现很多短庄新手，在给自己创造亏损时也在拖累跟风者，交易者对这样的新手应该保持怀疑和警惕。以下是一些大盘走势判断的相关经验，交易者也可以自行总结更多的经验，以形成自己的操作规则。

　　（1）应该在开盘前就预测大盘当日的几种走势，但不可按预期来行事。只有大盘走出了你预期的走势，说明你早期的判断是对的时候，才值得你进行交易。即使这样可能会错过最佳交易时机，但却保证了资金的安全。

　　（2）明知大盘很难收阳线，或明知某板块要集体退潮而当日又无实质性利好消息时，即使有指标股托盘，或早盘出现涨多跌少的现象，也最好不要进场，而持仓的则要坚决逢高减仓。

　　（3）不管大盘涨停的、跌停的有多少，看起来如何喜人、如何吓人，大盘要反转是很容易的。有时，感觉比理性还要重要。但在市场普遍失望的时候，就目前来说，一定要看中国石油、工商银行、中国石化、中国平安的表现，不要因为它们的少数拉升失败就不再相信它们的护盘能力。

　　（4）在大势向好的时候，盯住开始转弱的指标股；在大势向差的时候，盯住开始转强的指标股。正如阳尽则阴生、阴末则阳起一样。

　　（5）如果当日沪深A股涨幅排行榜中热点散乱，没有形成板块的联动效应,则大盘往往不会很强势。大资金不进场,说明人气依旧溃散,主力仍作壁上观。

(6)在大盘处于敏感的技术位置时,如出现阶段性顶部的巨量长阴或十字星,或即将面临下面的缺口,或关键的变盘时间之窗出现等等,都要提高警惕,注意空仓回避。

(7)10:00,10:30,11:00,1:30,14:00,14:30这六个整点时刻非常重要,重要性胜过于分时图的形态,进、出的时候都要关注这六个整点时刻。

(8)主力一般有三个进场点:9:30~9:35,主力可能会对全天大盘走势坚定看好而发起攻势(冲高出货除外);10:00~10:30,主力可能会对大盘开始明确看好而展开行动;13:30~14:00,主力可能会对明日大盘走势坚定看好而展开行动,或为明天高开做准备。

(9)关注中午的政策面消息。此时管理层可能会放出一些风声,导致下午开盘拉停的现象很多。此外,尾市的消息面同样值得留意,包括猜测和流言,尤其是在大盘不好的时候。

(10)行政干预可以暂时改变市场的运行轨迹,但不可长期改变市场的内在趋向;而且行政干预往往都是滞后的,你不要希望它能在第一时间出现,也不要在市场极其失望时怀疑它的出现。

(11)在熊市的早期,市场往往是在按市场规律行走;但在熊市的后期,则往往是被政策消息牵着走,此时应把分析的重心移到政策消息面上,不可固守市场规律和技术分析。

(12)股市每天都有机会,即使是再大的"利空",往往也蕴涵着某种"利好",因为上市公司形形色色,一方"利空"可能对另一方来说就是"利好",而资金每天都会进行流转;同理,任何消息也是阴中含阳,阳中带阴,切不可见"利多"就忘乎所以,见"利空"就目无一切。

(13)无论大盘出现或将要出现什么经典图形,都要问自己:如果是真的出现,那么会出现什么状况;如果是假的出现,那么又会是什么状况。尤其是当市场形成了一致的共识时,总有一种力量会偷偷地打破这种局面,扰乱人们的共识。但经典图形的真伪不是一两天可以分得清的,所以稳妥的方式是:及早识别,少量参与,快速决断。

第34招　短线如何看个股

每一只股票无论是高开还是低开，都不是随意的。其要么受股票市场的消息影响，要么受上市公司的消息左右，要么受潜在主力的影响控制。所以交易者要关注每一个涨幅在2%以上的股票，这里面有短线的巨大机遇。事实上，有经验的、专注于开盘研究的交易者，往往可以在9：25之后的10秒内，得到一个对某股看好与不看好的判断，其准确率甚至可以高达80%。但是，猜得到今日、猜不到明日却是开盘短线交易的大忌。而实际上，即使是很多主力也看不到明日的个股状况，只有等当日的最终封停时间和成交量等数据都出来后，大家才知道明日个股走势的大致状况——但这对于已经介入的普通交易者而言，显然已经太迟了。所以，做短线交易，仅仅是在9：30之前对个股有较好的判断是不够的，还必须有充分的盘中趋势判断经验和交易经验，这样，才能减少失误的操作，并将即将发生的亏损降低到最小。

以下是在熊市中的一些具体的交易经验，仅供交易者参考：

（1）有大盘做掩护，有板块做基础，个股短线交易的成功率才会比较高。

（2）如当日无重大利好题材，又无大盘将要收大阳的状态，最好是等待。

（3）一只个股出现高涨幅也许是偶然，单一的个股机会也难以把握，但是如果形成了板块集体跟风的状况，则跟进的风险比较小；但也要注意，如果是无概念而群体启动或大势不佳时，全线急挫也会经常发生。

（4）对于某一突发事件引起的大面积涨停，要分清楚哪个板块和突发性事件联系更密切且具有持续性，而哪个板块只是昙花一现。

（5）真正的市场主流板块在启动之前都曾经有过增量资金隐蔽建仓的过程，如果仅仅是受到消息面的刺激，而启动前没有增量资金大举建仓的迹象，那么，这一热点的持续性往往不强。

（6）对于刺激股价迅速上升的各种传闻、消息、题材等，要具体情况具体对待。对于受到朦胧利好消息刺激的个股，在消息没有兑现前可以积极介入；一旦消息兑现时，则需要根据消息的具体内容另行分析。

（7）没有明显的基本面原因而经常出现在涨幅榜上的个股属于长庄股，可以长线跟踪，并配合其他指标寻找短线套利的机会；因基本面原因出现在涨幅榜上的个股，需要深度分析其基本面的实际状况及题材的有效时间。

（8）在当日偏早时间进入涨幅榜并表现稳定的个股有连续上涨的潜力；在当日偏晚时间进入涨幅榜的个股，其连续上涨的潜力相对较弱。

（9）对于强庄股，即使连续拉中阳线也还有机会，包括底部有两个一字型涨停板的股票。这类主力的涨幅目标至少为50%，否则大量筹码不易脱手。

（10）对于爆发性的连拉20%的个股，应该提高警惕；如果涨幅达到了30%，几乎就没有机会了；而对于一字型涨停起来的股票，只要天量不出来，就可以继续坚守。

（11）在熊市和震荡市里，突然急拉且值得跟进的个股，近期多数在底部经过了缩量下挫的整理过程，或正要突破缩量底部平台的颈部，或突然开始挣脱上升通道的均线束缚，仅此三类。

（12）值得跟进的拉升股跟市盈率没什么关系，但流通盘通常在5亿以内；且新品种首笔成交的换手率应在0.01%~0.3%之内，而连续涨停的首笔成交的换手率应在2%以内；同时，新品种的首笔成交涨幅要在5%以上（高位高开除外），而连续涨停的则应在2.5%以上，否则，后续行情易夭折；此外，卖盘中应无巨大的卖单，可以买量多点也可以卖量多点，但买盘不能都为绿色。

（13）大部分高开2%~5%的个股，即使符合一些走高的条件，但如当日无突出概念，则往往属于试盘或做阴K线的情况；多数开盘急冲，而后续连绵下跌。

（14）有些游资启动的个股可能在两个涨停板之后有洗盘的动作，此时应对所属板块有较清醒的认识。同时，若是洗盘，则当日几乎无大卖单出现，且时间不会超过2天，总跌幅不超过10%。

（15）当早盘买的股票不能在当日10时前封住涨停板时，往往说明超短线操作出了问题。这样的股票，要么会马上冲高回落，要么得看大盘的脸色，很少有机会可以在第二天盈利出局。

（16）封停越早的，第二天开盘就越高。一般前3分钟就封死涨停板的，只要当天换手率不大，第二天往往会高开5%；此后到10时之间涨停的股票，只要换手率不大，也往往会在次日高开2%。

（17）涨停日换手率越低的，第二天开盘就越高。对于前日开盘半小时内封停的个股，只要当天的换手率不超过3%，那么第二天往往还有3%以上的出局空间，甚至个股会继续涨停；但一般第二天的开盘涨幅不会超过5%，尤其是最近涨幅已高的品种，如果开盘涨幅超过了5%，就有主力高开出货的嫌疑；如果当天个股换手率超过了7%，第二天几乎没有获利出局的机会，应尽早出局。

（18）相邻趋势波动的表现对当前股性的影响最大，对短线目标个股进行选择时，不仅要关注其一贯的历史表现，更应关注其最近趋势波动的特性。

（19）对于次新股，如果现在不是主力需要快速脱离成本区，其往往也不是做超短线的好品种，它们往往在且拉且整理的过程中攀升，是中线交易的品种。

（20）对于基金扎堆的产品（盘子大、市盈率低、行业好），只适合于事前埋伏，不适合于临时追高，因为这些股票难有涨停的动作，除非遇到突发性事件或重大利好概念。

（21）千万不要买入成交稀疏的高涨幅股票，也不要追高位横盘股票，后期很难顺利出局。

（22）如果开盘涨停的股票超过了10只，就不要在开盘时追进了，可以在10点左右再找好股。只要大盘向好，很多个股在10时后会有出色表现，当日利润空间更大。

（23）大盘暴跌时，要看哪些股票率先见底走稳，哪些股票正在逆市上涨。如果发现这些异常现象，必须分析这意味着什么？资金会不会炒作？这些股票有什么特点？符不符合目前的市场氛围？并在此基础上制定具体的操作策略。

（24）关注复牌后的前期大涨股票。

（25）小盘股（4 000万流通盘以下）来去如风，不适合追涨。

（26）前期暴跌后的品种不要进，陷阱比较多。

（27）被券商在事后推荐且本身量价关系不理想的，不要进。

（28）尾市勉强收于涨停板的个股不宜追涨。

（29）不要在跌停的当天买入股票，因为当天巨大的做空能量往往没有释放完毕，后期下跌的可能性很大，盲目抄底不值得推崇。

（30）新股不适合做短线。2008年4～5月是标准的熊市里的震荡行情，按传统理念，大量的资金将涌入新股。但是从这两个月新上市的23只股票来看，第二日能获利出局的只有两只，亏损率高达90%以上。新股不适合做短线，一是因为新股上市的目的就是派发，缺少接盘就会下跌；二是因为新股的持有者为专业的"打新股"一族，只要新股上市就必然会获利出局；三是因为主力都不愿意拉高收集筹码，除非是大行情迫在眉睫；四是因为新股往往是在股市繁荣时期发行，市盈率过高，易陷入绵绵跌势之中。同时还要注意的是，由小券商保荐的新股往往在业绩上容易出现变脸的状况，将持股者带入亏损的泥潭。

注意，上述经验有一定的时效性，交易者不可盲目照搬。

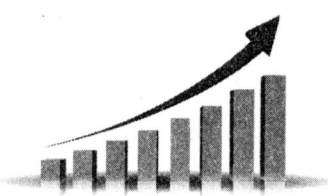

第35招　尾市盯盘技巧

如果短线交易者在早盘开始进场，会面临3～4个小时的抛盘变数，有时候会眼睁睁地看着自己的盈利变成了越来越多的亏损而无能为力，时间在这时成为了交易者最大的敌人。但是，如果交易者在尾市1分钟内买入，那么所承受的风险就只有1分钟，其变数往往不会很大。于是，尾市交易也成为了股市里的一大奇观，但这也是市场现象，所谓存在即为合理。

开盘是序幕，盘中是过程，收盘才是定论。从理论上来说，尾盘是多、空双方拼斗一日的总结，所以收盘指数和收盘价历来被交易者所重视；从实际上来说，尾市的拉升有的是主力一天高位平台整理后开始做多的体现，有的是主力结束一天刻意打压后开始做多的体现，有的则是高位平台整理后被散户抢买的体现，有的则是主力在刻意拉升为明日高开出货做准备，有的则仅仅是主力在刻意做当日的K线图。可见，要想在尾市进行投机性交易，也不是一件容易的事。

但凡事都不会无缘无故地出现，特别是主力的资金不会做莫名其妙的事。通过"尾市短线交易"的统计，尾市短线交易有如下规律（假使大盘当日尾市有拉升的动作或震荡走高的现象）：

（1）个股在高位平台进行整理后，于尾市半小时内急拉涨停板。若个股所属板块第二日继续走强或大盘第二日转强，则介入者有机会顺利出局，但盈利多数不高，因为有大量散户跟进。

（2）个股被逐步斜推至高位后在尾市被拉至涨停。如果个股所属板块第二日继续走强或大盘第二日转强，则介入者有机会顺利出局，但盈利多数不高，因为有更多数的散户跟进。

（3）个股在高位进行平台整理后，却在后半场出现急跌，直至最后几分钟才拉回平台位置。这种情况多数属于主力护盘的动作，明日是否上涨还得看大盘的好坏。

（4）个股前半场一直在±2%区间盘整，尾市却突然大幅拔高。这种情况多数是主力行为（散户只会关注5%以上的高位整理股）。如果拔高时间比较提前，说明主力不畏惧抛盘，第二日行情值得期待。

（5）个股前半场一直都在向下整理，跌幅甚至超过了5%，但在尾市开始大幅拔高。这种情况说明主力已经结束洗盘，开始反手做多，但也有可能是散户抄反弹，或是主力为明日继续出货而做K线图。要看下跌的成交量大不大、拉升时间是否提前等，才能知道答案。

（6）个股前半场一直都在-5%以下整理，但在尾市却开始大幅拔高。这种情况说明大量的抛盘已经被消灭，多头开始积极反击，后市有利于多方，第二日行情值得期待。

（7）要特别注意，如果大盘第二日收中阴线，那么前日尾市拉升的个股通常都没有机会盈利出局，鱼龙混杂的东西经不起考验。所以尾市进场的交易者一定要先预测第二日大盘的涨跌状况。

（8）通常在无法预测第二日大盘走势时，或已经预测到大盘第二日走势不好时，大量的短线交易者会在尾市集中出货，如果此时成交量偏大，则次日低开低走的概率较大。

（9）越晚拉升的个股越无操作价值。一者是没有进入的机会，二者是主力的实力很弱，三者可能是主力在做K线图。相反，越早拉升而成交量也同步放大的个股越有价值。

（10）跌势中尾盘常有小幅拉升，涨势中尾盘常有小幅回落，这种修正尾盘的现象无意义。

（11）如果尾市突然有好消息传入股市，应立即开仓买入，且明日可看高一线。但如果收市之后证实是流言，则次日股市多数会大幅下跌，应立即出局。

（12）尾市介入做短线时，要事先做好次日上午出局的准备。只要确定大盘不能收中阳线，只要热点板块无法持续，只要利好消息被证实是流言或无实质性利好的，都应及时出局。

第36招　总结短线买入点

总结短线买入点进行短线操作的分析顺序为：

（1）判断大盘当前的波动性质，从而确定是否采用短线交易的方法。

（2）根据盘中热点的集合程度以及板块的跟风状况，确定是否介入。

（3）根据个股K线形态确定介入哪一只股票有更好的报酬／风险比例。

（4）根据个股分时走势图来确定具体进场时机，获取最佳进场位置。

具体在盘中进行交易时，要注意以下的购买时机：

（1）有重要利好消息发布的个股，如果在股价较低时出现首次开盘涨停，只要大盘不是极端弱势，可在9：20竞价购买，一直排到尾市，中途可能可以成交。无量涨停出现后，第一个涨停板多数不是行情结束的时候，而是上涨行情的开始，次日往往还会有一个冲击涨停板的过程。但是如果当日的换手率超过了7%，则第二日情况多数不妙，最好换手率在2%以内。

（2）重点关注高开5%以上的个股，如有重大题材配合、板块集体启动、K线图符合要求等，则很可能在开盘10分钟内就会被封死在涨停板上。下单时，应直接朝涨停价挂单，但实际成交不会那么高，因为低价卖单先报在了前面。对于这样的个股，不一定要抢在开盘处买，如果中途有打开涨停板且又有被大力封停的趋势时，是最好的介入点，因为主力通过打开涨停板，洗去了意志不坚定分子，后期涨幅值得期待。但是如果当日的换手率超过了7%，则第二日情况多数不妙，最好换手率在3%以内。

（3）如果在10点前找不到合适的机会进场，那么最好等到13：00~14：45之间进行交易。只要大盘真被看好，大量的游资会在下午将一些高位平台整理的股票直接拉停。又因为此时往往会形成板块群动，所以第二日还有获利出局的机会。但是如果当日的换手率超过了7%，则第二日情况多数不妙，最好换手率在4%以内。

（4）关注底部一字型涨停的股票，分析其连续涨停的根本原因和可能的涨幅空间，分析已上涨的幅度和即将面临的阻力位，同时根据流通盘大小、市盈率、高低价位以及主要的成交营业部，来确定主力的性质，而后伺机在第二个一字型涨停板打开且又即将强势封停的时候介入，或者在高开整理后即将强势封停的时候介入。但要注意，不可抢在开盘处进入；同时，若估计当日成交量大于7%以上，慎入。第三个涨停板最好不要进，宁可等待回调和整理，因为主力若不看好个股就会出现暴跌，若看好个股就必须释放抛盘压力。对于追第三个涨停板有三个条件：即个股当天必须释放压力，同时大抛单不多而成交量不巨大，以及再次封停的时间比较早。

（5）关注近期连续涨幅在20%左右的个股，其后走势往往有三种可能性：其一，短暂换手之后继续快速上涨；其二，做阶段性的横盘整理后再次上行；其三，阶段性的见顶回落。如发现是前两者，则分析其即将面临的阻力位置和主力性质后，待其大力突破的时候介入。这些强势牛股能被主力全力抬举，则必有普通交易者不知道的原因，而他们的巨量资金显然不是用来过把瘾的。至于成交量，则要结合阻力位和前期总成交量来看，看大量的抛盘来自哪里，合不合理。

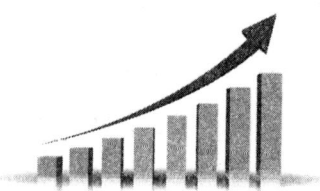

第37招　总结短线卖出点

会买不会卖，终究是一场空。常言也有道：会买的是徒弟，会卖的是师傅。可见，卖出股票也不是一件容易的事，它直接关系到交易者的盈亏问题。一般来说，卖出股票往往会在开盘10分钟内进行，或是在盘中时段进行。

下面简要论述。

1. 开盘10分钟卖出点

如果交易者在当天买进了股票，那么在收盘后就要关注个股当天冲高的时间或涨停的时间、封单的大小、成交量的大小、成交密集区价位、主力性质等状况，同时预测个股继续上涨的幅度、阻力位、大盘明日走势、热点持续情况等事项，做好卖出股票的点位预计和可忍受的最大跌幅。

一般而言，昨日强势上涨的股票会出现以下三种情况：

（1）次日跳空高开。昨日封停比较早且换手率在3%以内的、底部首次大涨股，今日高开5%属于正常状况，对比情况差一点的高开3%也属于正常状况。如果高开后随即有大单买进或略有回调后即有大买单买进，则可持股待涨；但是，如果冲到7%左右或10%时，即有大量抛单倾泻出来，则最好及时出货。因为主力对倒冲高后出货的现象较多，或者主力也不见得顶得住。如果个股高开在7%以上，通常股价马上会下滑，要么是主力高开出货，要么是散户抛压过大。交易者也可先抛出股票，而后看其有无缩量整理并在某支撑位获得支撑后再次大力攀升的过程，如有，再跟进也不迟。

（2）次日平开。如果说高开是主力积极做多，低开是主力暗中洗盘，那么平开则是极其沉闷的行情，它首先透露的是主力没有做多的意图甚至可能没有主力的信号。对于这样的个股，交易者如果判断当日大盘不好，或同板块要回调,则可以选择立即出局;也可以作出止损的准备后持股待变,如果量价关系不理想、盘口显示卖压过大、成交稀疏等状况出现时,则交易者应伺机出局,避免浪费资金时间和在其他个股上的机会。

(3)次日跳空低开。这种现象往往会出现在昨日涨停板被多次打开、成交量过大、涨停封单较小、封停时间太晚等情况的个股上。交易者在熟悉昨日的盘况后,应已经预测到了这样的开盘状况。不看好今日大盘或同板块的交易者,可在第一时间出局;看好的交易者则应提前作出止损位,一旦行情出现计划承受的最大跌幅,则应立即出局。一般而言,仅从技术上来说,如果低开或回落幅度超过了3%,说明个股调整的迹象比较明显;如果早盘低开,经过一段时间回档或窄幅波动之后个股再次放量上攻,则交易者可谨慎持股,因为这可能是主力先洗盘后拉升的动作。

(4)其他卖出经验。交易者在卖出之前,应该先清楚手中股票的阻力位,见此处压力果然大,则应先走为上,哪怕此时只是9:32;特别是对于前期属于拉高涨停的股票,因其还面临获利盘抛售的压力,所以更应该当断则断;如果所买的股票是在10点后拉停的,如果当日的换手率比较大,如果当日的消息无实质性影响,如果第二天高开的阻力比较大,如果前期的获利盘比较多,如果大盘第二日不太理想……那么最理想的卖点就是第二天9:35之前;之后卖出的时候,可以先对全天的成交量进行估算,方法为:开盘10分钟的成交量×24(因为一天交易4小时即240分钟)。如果估算出个股当日成交量异常大,而又迟迟不能封涨停板,则有主力出货的嫌疑,或有多头全部被消耗掉的担忧,短线交易者应及早出局。但需要注意,对于活跃品种而言,其早盘10分钟的成交量一般很大,所以该估算方法往往会偏离实际,可能用开盘10分钟的成交量×8比较适合。

注意,若无特别说明,全书中的"封停"特指"封住涨停板","拉停"特指"拉到涨停板"。

2. 盘中卖出点

经过了前面紧张的几分钟后,后面的卖出行为就要看盘中的分时图了。总体要求是:可以对卖出点作预期,但不可按预期卖出,而要根据盘中实际情况灵活处理。但只能是在行情有利的时候作向上的灵活变动,而在行情不利的时候则要按预期坚决出局。

（1）对于急拉：往往高点后还有更高点，行情一般不会直上直下，常常会有M头出现，第二个头为卖出点。

（2）对于横盘：横盘不是减仓的迹象，但股价一旦带量跌破支撑线或均线，则说明抛盘涌现，为卖出时机。

（3）对于下行：下降通道里的行情是主力做空或减仓的迹象，否则行情应跟随大盘，当其反弹时为卖出时机。

（4）对于跳水：开盘不久就带量下跌、见盘就砸属于跳水行情，赶紧卖出，如果来不及，可等反弹后再卖出。

以上卖出时机是针对当日分时图来进行的，但前提是交易者确定这天应该卖了。

如果交易者没有意料到整理而出现了整理，要坚决出局；如果交易者意料到了整理而且有了一定的心理准备并设置有止损点，那么则可以按计划进行交易。

开盘短线交易及盯盘技巧

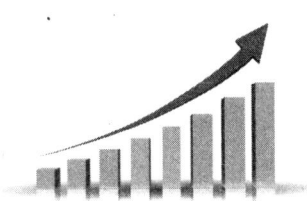

顺势淘金,顺时介入

第38招　牛市短线选股策略

在牛市中，许多投资者认为大的形势已经来临，于是不顾一切地买进股票，认为赚钱是非常简单的事。但以下几项有趣的统计却说明尽管牛市业已成立，但疯狂的投资者未必能取得理想的投资绩效。

如果比谁赚得多，股市中已经有太多大喜大悲的案例，有许许多多几年前股市中的风云人物早已经消失在市场中，倒在了牛市形成之前。如果比谁生存的时间长，则意味着生存的时间越长，所获得市场赐予的机会就越多。在牛市中诱惑太多了，2006年是中国股票市场近几年来比较好的一年，很多股民不知道买什么好，买什么不被套。在这里给投资者一些建议，不妨关注一下短线选股的策略。

1. 涨幅要高

涨幅高包括三层互不矛盾的意思：一是绝对涨幅要高，如果股价从底部启动50%以上，进入主升浪应是顺理成章；二是实现阶段突破，能够成功突破前一顶部的股票，理当看好，不能突破或在前一顶部下逡巡，有无功而返的可能；三是创新高，股价创历史新高，说明价值重新发现，价格重新定位，在成交正常的情况下，理应看高一线。

2. 主力资金介入程度要高

并非庄股就好，关键是散户的地位决定了其不可能对公司的基本面研究太深。而主力资金多半研究实力雄厚，其敢于重仓介入的股票，前景看好。散户无法研究公司的基本面，但可以通过K线研究主流资金的进驻程度。主力浅尝辄止的，我们放弃；主力实力弱小的，我们观赏；主力实力非凡、大举入驻的，才是我们重仓参与的对象。当然，主力资金介入程度高与控庄股要有区别，如果主力已经将股票做成了新主股,说明风险已经大于收益。

3. 板块呼应度要高

价值投资理念下,主力资金已经从个股挖掘转向行业挖掘。有板块呼应度的股票,说明该行业发展前景较好,属当前热点或潜在热点,有发展潜力。即使是临时性热点,板块呼应度高的特点也决定了被套的可能性不大,因为热点的反复表现,会多次创造解套获利的机会。

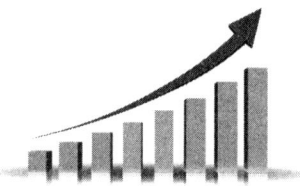

第39招　熊市逆市淘金策略

在熊市中投资的股民十有八九都会亏，能少亏些就算赢了，更甭提赚钱了。但在如此被动的境况下仍有部分股民在弱市的枪林弹雨中穿梭自如，赚得真金白银。这不禁让一些投资者分外眼红。

熊市中选股的难度要远远大于牛市及盘整市道，因为熊市中大盘在不断下跌，大部分个股的走势也逐级向下，只有极少数个股逆势上扬。要从众多个股中挑选熊市中的牛股，有点像大海里捞针，所以没有一定专业知识和经验的投资者最好还是知难而退。虽然在熊市中选股难度很大，但跌势中仍然有市场机会，仍然有章可循。投资者应把握熊市逆市淘金策略关注大盘走势，了解盘中热点，积极寻找蕴藏着短线投资机会的板块，从中获取暴跌所带来的暴利。

1. 选择基本面情况发生重大变化，业绩有望突升的个股

这类个股，无论在牛市还是熊市，都是受追捧的对象。由于基本面发生了重大好转，必然或早或晚反映到股市上。当然还要注意介入时机，不要等股价已经涨上天了再买进。

2. 选择具有长期良好发展前景的个股

具有良好发展前景的公司，是大多数人选股时追求的目标。这类公司经营稳健、发展前景光明，为许多人所看好，在牛市中股价可能高高在上，业绩被提前预支。然而在熊市中则可能随大盘大幅下跌，尤其是在暴跌时，倒为投资者提供了绝好的买入机会，让其用很低的价格得到一只优质股票。当然选择这类个股应立足于中长线，不能指望短期内即获高额利润。

3. 选择在熊市后期暴跌的个股

在熊市后期，暴跌后空方配量过度释放，导致股价远离平均成本，由于股价有向平均成本靠拢的趋势，远离均线的幅度越大，其回归的可能性和力度也相应越大，因此暴跌之后常常会有较大的反弹，是短线买入时机。个股的暴跌有时是以大盘的暴跌为背景，这时可选择有庄入驻的股票介入，因为有庄的股票反弹力度较大。个股暴跌的原因主要是突发性因素和庄家出货两种。突发性事件造成的暴跌有可能产生强力反弹，而庄家出货的暴跌则不会反弹。

4. 选择主力机构介入的个股

股市中的主力机构实力强大，非一般中小投资者可比，但是它们也有进出不灵活的弱点，一旦介入一只个股，就要持有较长时间，尤其在熊市中，除非认输割肉出局，否则就要利用每次反弹机会，伺机拉升个股。中小散户只要介入时机合适，成本价在庄家之下或持平，并且不要贪恋过高的利润，则获利的概率还是很大的。

总之要记住，在熊市中选股要关注大盘走势，了解盘中热点，以及政策的转变。

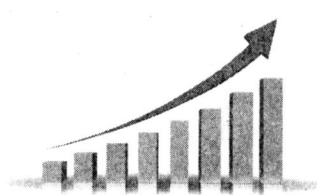

第40招 暴跌之下有机会

涨涨跌跌是股市中的一种正常现象，但是有时候因为突发消息的影响或上市公司内部的原因，个股股价会出现快速大幅的下跌。投资者称这种下跌为暴跌行情。处在暴跌中的个股往往使得投资者的资金市值急剧缩水，因而对于暴跌股，投资者常常是谈虎色变，避之唯恐不及，根本不愿研判或投资这类股票。可事实证明暴跌股中蕴含丰富的投资机会，暴跌股在下跌途中会给持股的股民带来大幅亏损，但在其报复性反弹过程中也会为敢于逢低买进的投资者带来丰厚的利润。当市场处于深幅下调、股价加速下跌的环境中时，投资者首先要做到的就是保持清醒的头脑和冷静的意识，不要被暴跌所产生的恐慌气氛所影响，更不能在这个时候乱了方寸，要积极寻找蕴藏着短线投资机会的板块，从中获取暴跌所带来的暴利。

暴跌股的优点如下：

（1）由于暴跌股离套牢密集区较远，上行阻力小，产生反弹时力度较强。

（2）股价因为严重超跌，与底部区域接近，安全性好。

（3）暴跌可以使个股做空动能大规模释放，一旦大盘企稳，此类个股往往率先止跌反弹。

因此，暴跌股是抢反弹时重点优选品种。但投资者在选股时首先要区分暴跌的性质。

（1）如果是大盘暴跌，我们应该重点关注的是以下几类股票：

①对大盘暴跌作出极度反映的个股；

②上升通道依然完整，特立独行的个股；

③有强庄护盘的个股；

④如果大盘处于下降的通道中，则只能选择轻仓股；

⑤如果大盘处于上升通道，则选轻仓股、重仓股、短线股、长线股皆可；

⑥如果大盘出现见底前的最后一次暴跌，则选重仓股、中长线、长线股皆可。

（2）如果是个股暴跌，则应该选择以下几种股票：

①股价处于底部的最后连续暴跌；

②暂时的利空消息所致；

③首次亏损消息所致；

④严重超跌，幅度越大越好；

⑤第一次暴涨后是急速下跌；

⑥第一次放量上涨后的重返旧地。

经验丰富的投资者在暴跌行情中选择严重超跌的有价值的股票。因为此时许多原本是"精品商厦价格"的股票，会在猛然间变成"地摊价格"的股票，并且还有捡到便宜货的时机，此时是赚大钱的时机。

但是，其前提必须是：你在波段顶部、市场一片看好时，能功成身退。这样才能在底部时拥有足够的抄底资金，并且有极好的耐心，相信它今后一定能涨上去。

如以下两图所示，在2009年7月29日的大盘暴跌行情中，002180在盘中顺势下探到60日均线以下，应当能判断到，当日暴跌是大盘对长时间以来上涨后风险的一次集中释放，而002180相对大盘滞涨，所以002180的盘中暴跌是非理性的，可以作为一个短线买点，在其后3天的反弹中，可以在18元以上卖出，短线交易者能获利20%以上。

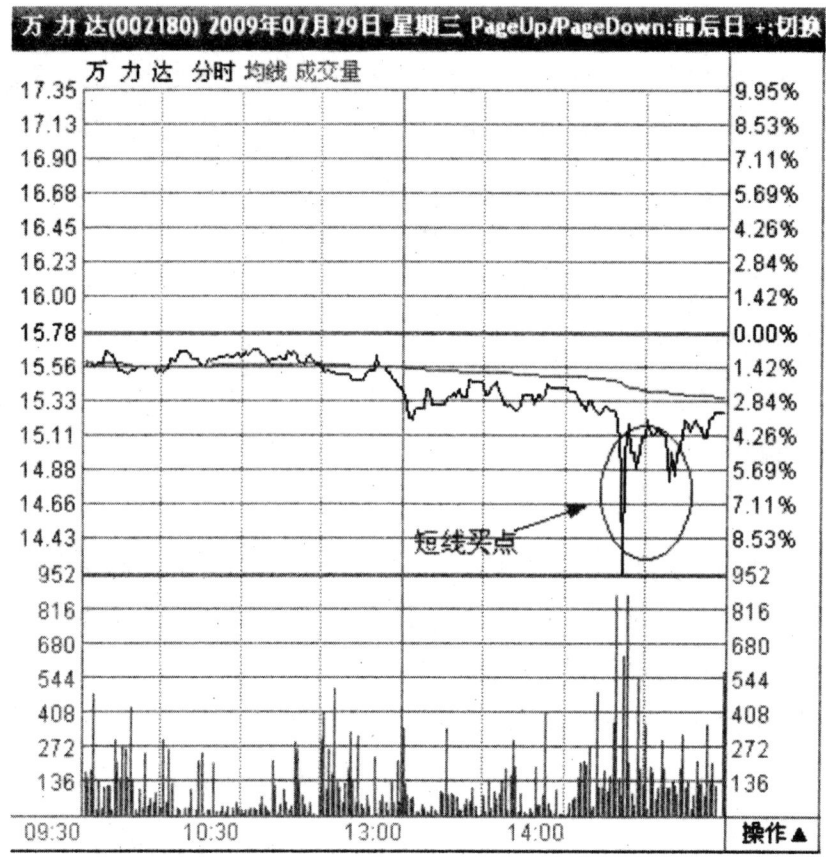
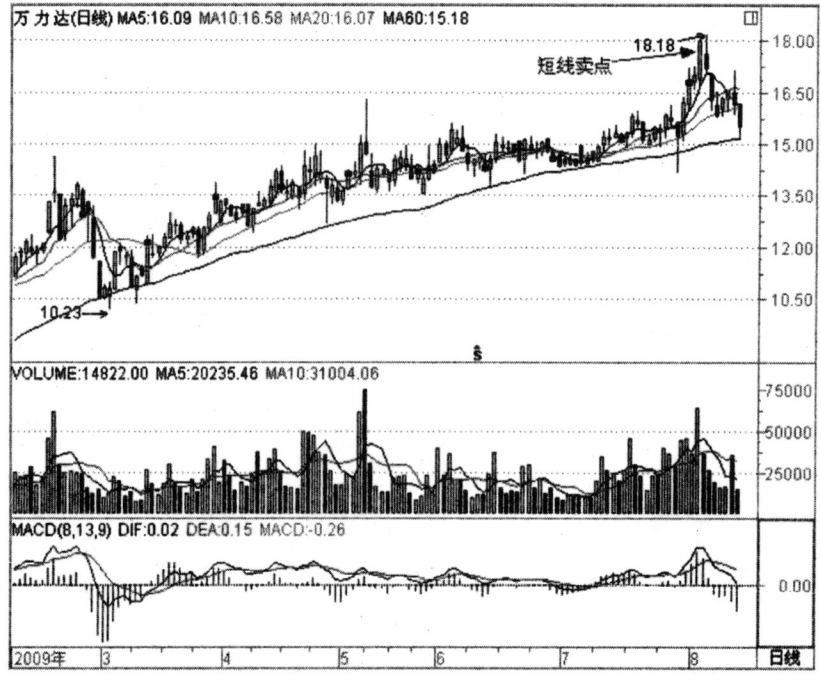

第41招　抢反弹有讲究

反弹行情是指形不成上升趋势的上升行情，并且多数是反映下跌过程中的逆市弹升。不少投资者善于抓住反弹行情，屡屡炒到底，但获利却很少，有的甚至赚了指数赔了钱，问题就出在相错了"对象"。做长线投资，毫无疑问应当选择市盈率低、成长性高、风险小的绩优股。但反弹行情是短线投机行情，大多数投资者鞋底抹油，打一枪就开溜，如何选股就很有讲究。

1. 选跌得快、跌幅深的股票

大势不妙，大多数三线股缺乏业绩支撑，持股者心慌气短，往往廉价大抛卖，跌得最惨。

2. 选受利空打击，股价大幅挫落的股票

此类股票，因受利空消息的影响，持股者大量抛售，股价受空方猛烈打压，跌得惨不忍睹。尽管如此，这类股票还是能受到股民青睐，成为弹升最快的股票之一。因此，当利空消息扭曲了股价，而利空影响消除时，为趁低吸纳之良机，股价必将还其本来面目，恢复其合理价位。

3. 选有庄家关照的股票

有些股票由于受庄家关照，不因大市下行而跌落，或跌幅甚微。一遇大市回暖，庄家必会全力拉抬，跟进者众多，反弹必快。但需注意此类股票要及时"下轿"，以免成为替罪羔羊。

4. 选有利好传闻但受大市拖累的股票

有的股票有利好传闻本应上涨，但受大市拖累该涨未涨，一旦大市回升，必会脱颖而出。

5. 选新上市的股票

老股票的套牢筹码多，反弹时解套者众，阻力重重。而新上市的股票套牢筹码少，反弹时解套压力小，并常常受到大户和主力机构的关照，往往跑赢大市。

6. 选绝对价位低的三线股

做反弹是一种短期的投机行为，投机炒作选股是不必考虑公司业绩的，并且适合做短线反弹的股票一般都是业绩不太好、价位比较低的三线股。原因很明显，这些投机股价位低，具有波动幅度大、交易手续费低的特点，并且其流通筹码一般相对较小，易于炒作。

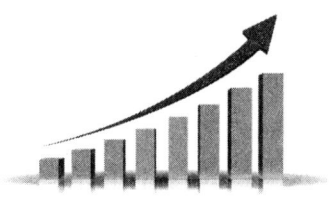

第42招　调整行情中淘金策略

涨升行情中出现强势调整是很正常的现象。强势调整分为被动性强势调整和主动性强势调整两种。被动性强势调整是指当股指已经抵达严重超买区，并出现明显见顶信号，或已经遭遇某种利空消息后出现的调整；主动性强势调整，是指当股指仅仅是接近超买区，见顶信号不明显，利空消息尚未完全显露时出现的调整。

主动性强势调整中，投资者的选股方向重点是要选择蓄势较充分的个股，这类蓄势充分的潜力股常常能在上升行情中跑得比指数和其他个股快。具体的选股方法有以下五种。

1. 选择上升空间大的个股

选择目前股价涨幅不大，绝对股价不高，但蕴含一定投资价值和投机价值，后市具有一定上升空间和潜力的个股。

2. 选择业绩优良的个股

通过对财务报表的综合对比，从中选择业绩优良的上市公司，作为重点关注对象。

在选择潜力股过程中，要结合当前市场主流热点的动向，尽量选择和市场热点相近的板块和个股。而且要尽量选择具有多重概念的个股，以便在热点行情的转换中左右逢源，争取获得最大化的利润。

3. 选择底部形态构筑得比较坚实可靠的个股

要求底部形态的构筑时间较长，具体的形态以圆弧底、头肩底和多重底等较为坚实的形态为主。

4. 选择有明显新增资金介入的个股

特别注意成交量有所放大，但并没有过度放大，尚处于一种温和放量状态中，显示主流资金正在有计划、有步骤地积极建仓的股票。

5. 选择股价前期调整较为充分的个股

股价已经严重超跌的，个股的市场平均成本基本集中在现价附近，股价下跌动能已经完全释放，并在某一重要支撑位探底走稳的个股可以重点关注。

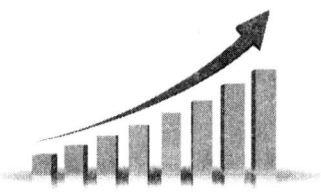

第43招　平衡市道中淘金策略

平衡市是指指数运行趋势没有上涨或下跌的趋势，而是呈现出水平方向运动；有时大盘在两条平行线的区间内反复震荡，如所形成的箱体运动等。这时关键是要紧扣热点，转变选股思路，重点有以下几个方面。

1. 选股要选实质性题材股

实质性题材股往往会受到更多人的追捧，并伴随着成交量的持续放大反复走强。

这从一个侧面反映出市场主力资金的择股标准已经发生了重大的变化，长期以来形成的价值投资理念正在被市场赋予新的认识，上市公司成长性正成为主力资金选择建仓品种时的重要参考依据。

2. 选股要以业绩为主线

虽然在平衡市中热点此起彼伏，板块轮动似乎杂乱无章，但其中始终围绕着一条主线，那就是"业绩"主线。所以，投资者在选股时需要紧紧把握这条行情主线，对于业绩较好，但目前表现不是很理想的个股，不妨趁其股价较低时，先主动买进。相对于疲于奔命地追逐已经涨高的热点，这种方法更加有效、安全，获利也更丰厚。

3. 不要盲目追涨价值高估的蓝筹股

蓝筹股是近年来市场的投资焦点，但蓝筹股的范畴较大，包含个股也较多，投资者必须对该板块加以细分。从近几年行情来看，部分蓝筹股的股价上升过快，有的个股甚至在短期内实现翻番。

蓝筹股行情发展的根本在于其投资价值的发现，一旦出现价值高估的现象，就会失去继续涨升的根本动力。所以，在中继型震荡行情中蓝筹股出现分化，部分价值高估的蓝筹股出现回落是必然的现象，投资者在选择蓝筹股时一定要仔细鉴别，不要盲目追涨。

4. 对边缘化个股要敬而远之

与蓝筹股不断发展的行情形成鲜明对比的是，部分庄股和即将退市的ST类个股却一跌再跌，有些个股甚至已经严重超跌，股价屡屡创出新低，但每一次短暂企稳后，又会面临新的一轮抛盘。这表明投资者的理念已经趋于成熟，股市也正在向成熟化发展。市场的价格体系正在发生根本性变化，结构性调整将进一步深化，股价的两极分化现象将日益突出。在此情况下，投资者千万不能贪图一时的便宜，对于正在边缘化的个股，包括庄股、即将退市的ST类个股、绩差股等要以回避为上。

此外，在平衡市中还要根据不同的操作方式进行选股。

1. 波段操作

平衡市中套利的最主要形式就是高抛低吸的波段操作。至于高低的标准要参考布林线指标、中轴线指标和箱体运动的箱顶和箱底位置三种技术指标。波段操作的选股：主要选择在筑底阶段有放量现象，箱体运动规律较明显的个股。

当股指跌穿中轴线指标，到达箱底位置，并且获得布林线的下轨线支撑时，投资者可以分批逐步建仓；当股指穿越中轴线指标，到达箱顶位置，遭遇到布林线的上轨线时，投资者应该果断地一次性卖出。

2. 长线持有

虽然大盘表现出明显的箱体运动规律，但少部分强势股却依然维持其强劲走势：大盘涨，这类个股领涨；大盘跌，这类个股也能保持强势。手中持有这类强势股的投资者应该抛开大盘箱体运动的影响，以轻指数、重个股的态度长线持有。长线持有的选股：投资者千万不能选择有庄家长期入驻的抗跌股，而是要重点选择有投资价值，符合市场潮流的绩优蓝筹类个股。

3. 继续等待

平衡市中的箱体运动不是股市唯一的选择，突破将是最终必然的结果。无论大盘向哪个方向突破，都将产生一定的爆发力和新的市场热点。稳健的投资者可以采用等待的方法，耐心等待市场作出选择，然后再根据当时的市场情况进行选股操作。

第44招　震荡行情中淘金策略

国际、国内的经济、金融形势变化，股市政策的调整，市场利多、利空的传言与突发事件，千家上市公司每年两次公布财务报表和分配方案，大投资基金、大券商、民营投资机构的多空大搏杀，数千万散户的买进和卖出，贪婪与恐惧等人性弱点造成的追涨杀跌的非理性行为等，都有可能引起股市的震荡。

在震荡股市中，大盘大起大落，时而多方展开猛烈反击，时而空头占据主动，使人不知该如何是好。不过，在大幅震荡中，亏钱的机会与赚钱的机会同时增多，此时超跌股有可能出现反弹，逆市走强股有可能强者恒强，横盘整理股也可能潜伏着"大鳄"，这些都为投资者提供了更多的选择。将各类个股细细区分，把握其独特的走势特征，有利于投资者在震荡市中趋利避害。

1. 超跌股可能会反弹

怎样才算"超跌"，没有统一的标准。首先，超跌不能以绝对跌幅来判断，一些主力派发前期一直走下降通道的个股虽然累计跌幅巨大，股价不断创出新低，但仍应谨慎参与，此时即使已"超跌"，仍有可能继续超跌下去，股价屡创新低说明基本面上和技术面上肯定有问题。其次，最好从近期保持上升趋势、仅仅由于大盘调整而出现较大跌幅的个股中选择，若下跌时量能萎缩，说明出逃的资金量不大，短期反弹的可能性较大。最后，重点关注最先跌至启动位置附近的个股，特别是刚启动不久便跌回原价的次新股。

2. 逆市走强股，风险与机会同在

逆市走强股中，既有勇往直前的强庄股，也有部分刻意诱人上钩再大幅派发的恶庄股，投资者要具备一双慧眼。一般来说，逆市走强的个股，若上涨时成交量过大、拉升过急、形态过于完美，往往陷阱重重，一旦买入很容易深深套住，一些保持缩量上行、进二退一格局的个股则机会多多。

3. 横盘整理股中潜伏"大鳄"

虽然大盘起伏较大，但有些个股却稳坐"钓鱼台"，不为所动，这些往往说明主力已充分控盘，仅仅是在等待拉抬的时机，此时即可重点跟踪观察。

面对震荡的股市，投资者应从以下几方面着手：

（1）切莫满仓。投资者切勿在震荡行情中将全部资金投入股市，更不能借钱炒股，否则万一出现大幅震荡，将会让你严重亏空，很多投资者难以承受此种打击。所以应克服短期暴富心理，以投资为重，切勿过度投机。在参与震荡行情前，先不要计划能赚多少，而要先想清楚自己能承受赔多少，准备持股多长时间。若对大盘趋向感到无方向，周围人盈利都很困难，不妨先静观其变。震荡行情中，盈利的期望值不能太高。手中筹码若在短时间内获利10%，万一碰到涨停板，就应果断获利了结，将所获收益先拿到手。若在大盘上涨了一段时间后，手中的若干股票均有5%以上的获利，但大盘却是牛皮市，来回折腾，无明显的突破，不妨先卖出一半。万一行情下跌，这样便有余力加码，赚取差价；若行情续涨，则手中还有一半筹码，可扩大战果。这种办法不失为进退自如的稳妥策略。

（2）紧跟热点，盯住强势。震荡行情中，获利的关键是抓准新的市场热点。从波段底部领涨的热点板块若长期筑底成功，此热点可以追逐，并附带关注相关的板块，但不能去追逐已经筑顶或见顶回落的首期热点板块。当领涨的新的热点板块接近顶部，大盘又滞涨时，此轮上涨行情离结束亦为时不远，应不失时机地退场。在此基础上要抓强势股，尤其要关注的是天天有量、有强主力入驻其中，开盘、盘中和尾盘每每有主力做盘动作的个股，无论是做T+0，还是T+1、T+2，获利的机会都比较多。

（3）控制仓位，分次操作。震荡行情中，控制好仓位显得十分重要。一般情况下，在震荡箱形底部可满仓，在中部宜半仓，在顶部宜1/3仓或空仓，这样会更稳妥。但是不少散户往往是在箱形底部清仓，在箱形中部建仓，而在箱形顶部满仓，以致赢的只是底部的"小头"，输的却是顶部的"大头"。

对已领先大盘涨到顶部区域的个股，就先予以了结；对手中有潜力的个股，应耐心等待，坚信早晚要拉升；对即将启动的强势股，可顺势做一把行情；对手中品位不佳的个股，可及时换股，曲线获利。为获取最大效益，持股可一直到股价打破上升趋势线，或10日均线掉头向下时，才获利了结，但是仓位应减为半仓或1/3仓。

震荡行情很难让人捉摸，因为大盘与个股没有一个明显的趋势，投资者要做的就是把握个股震荡的节奏，低吸之后适时高抛。

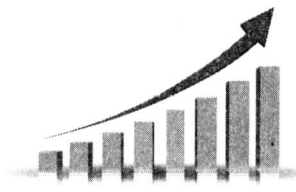

第45招　短线追涨有技巧

主升浪行情属于绝对不可以踏空的行情。股市中不能踏空的投资方式有两种：一种方式是在大势尚没有启动的阶段中低买；另一种方式就是追涨。追涨操作必须制订周密的投资计划，并且采用适宜的投资技巧。

1. 追涨的选股种类

投资者在主升浪行情中选股需要转变思维，不能完全拘泥于业绩、成长性、市盈率等进行投资，而是要结合上涨的趋势来选股。具体来说，就是要选择更有盈利机会的个股。把握个股独特的走势特征，获得更大的利润。

另外，投资者也不能看到个股放量涨升了就立即追涨，有时候即使个股成交量突然剧烈增长，但如果资金只是属于短线流动性强的投机资金的话，那么，行情往往并不能持久。因此，投资者必须对增量资金进行综合分析，只有在个股的增量资金属于实力雄厚的主流资金时，才可以进行追涨操作。

2. 追涨的资金管理

即使看好后市行情，投资者也不宜采用满仓追涨的方法。稳健的方法是：用半仓追涨，另外半仓根据行情的波动规律，适当地高抛低吸做差价。由于手中已经有半仓筹码，投资者可以变相地实施"T+0"操作，在控制仓位的同时，以滚动操作的方式获取最大化的利润。

3. 追涨的盈利目标

追涨的过程中需要依据市场行情的变化设定盈利目标。设置目标时要考虑到市场的具体环境特征，从市场的实际出发，研判行情的上涨攻击力，并最终确定盈利目标。到达盈利目标位时，要坚决止盈，这是克服贪心和控制过度追涨的重要手段。

4. 追涨的风险控制

由于追涨操作相对风险较大，所以对风险的控制尤为重要，一旦大势出现反复或个股出现滞涨，要保证能立即全身而退。

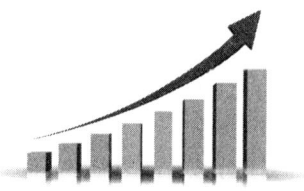

第46招　短线必选时

大量的股战实例一次又一次地展示了这样一个现实：同样持有一只股票，但最终的收益结果却可能大相径庭，这其中一个很关键的问题就在于投资者各自操作时间的不同，因此，为了获利，特别是想要做到与庄共舞，一定要把握好股票买卖的时机。一般来说，以下的时期不宜轻举妄动：

（1）在均线成空头排列时应离场观望。均线呈空头排列，表明整个趋势是往下走，而且目前市场中多数人处于亏钱状态。此时的个股行情持续性差，今天涨停的或许明天便跌停，操作的意义不大。

（2）在大盘震荡整理期间，宜多看少动，震荡市中趋势不明朗，可能向上突破亦可能向下突破，此时不宜打无把握之仗。

（3）参与弱市中的反弹应非常小心。在调整市里亦有反弹，此种机会往往极难把握。调整不充分的个股往往是"下跌、反弹、再下跌"的走势，每一次高点都比上一波高点低，低点却一个比一个低。从历史走势可看出，一轮中级调整，不经过快速下跌，亦即是极具杀伤力的C浪下跌往往并非筑底成功，若仓促抢反弹极易被套。

虽然投资者已经知道，在上述几种情况下不宜介入，可选空间得到了限制，但是在变化莫测的股市中如何选择一个最佳的时机，仍然是一个困扰投资者的难题。其实把握这种时机也并不是可望而不可及的，一般来说可以从以下几个方面的因素进行考虑：当时的股价是否在低价区或具有投资价值；该股底部是否构筑完整；市场是否极度看淡，股价严重超跌；前期是否出现了恐慌性暴跌或长期阴跌；该公司是否有潜在的重大利多消息；是否可能出现股权争夺等因素的存在。上述因素具备得越充分，则投资者越应给予足够的重视。

实际上，除了上述介入股票的时机要好好把握之外，投资者还应对每日竞价交易中的技巧给予足够的重视，因为这不仅是投资者各种策略得以实施的唯一途径，而且会在风云变幻的股市中成为关系到盈利的关键因素。以下将对一个完整交易日中的各种买卖时机作简单的介绍。

集合竞价是每个交易日第一个买卖股票的时机，这也是机构大户借集合竞价高开拉升或减仓、跳空低开打压或进货的黄金时间段。开盘价一般受昨日收盘价影响，若昨日股指、股价处于当日最高价位，次日开盘往往跳空高开，反之则低开。当然在连续的单边走势后会发生特殊情况，一般情况下开盘后股价立即单边涨停或跌停的情况出现，预示着该股有消息与信心十足的机构猛烈的单边动力，可适当地跟进做多或做空。有许多有经验的投资者常常在9：20左右进入即时成交视窗，一般情况下最先出现的有大手笔竞价成交的个股很可能成为当日的主要做多或做空明星品种，因为一般情况下，大资金的操盘手如在当日有操作计划，都会较早地到证券公司做好准备并较早地做好集合竞价显示出趋向，作为投资者应注意此种股票的短线动向并利用之。另外，如果能够把握住意外的、无原因的大幅高开或大幅低开的机会则是意外之喜。

需要注意的是，如果投资者因预见较大的利多或利空因素参与集合竞价，时间最好应在9：20以前。上午10：00左右将是产生当天集中交易热点的时间，此时昨日尾市走强的品种与部分板块强弱代表股票的强弱度已经显露，而一些职业机构在看清当天消息面的情况后也开始演出，此时市场表现将可能是市场全天表现的缩影，只不过会在涨跌幅度上发生量变。由于在中午有电台、电视股评的因素存在，13：00开盘时容易造成当天的次（最）高点或次（最）低点，此时很容易操作错误，应多看技术指标，冷静思考。14：30左右就是一天主力做多做空的黄金发力时间段，并且决定一天的最终交易涨跌情况，是短线操作的最佳时机。当然在14：30前主力也会经常制造假象引人上当，投资者可以根据成交量判断。

第47招　短线入场前的判断

《孙子兵法》曰："善战者制敌于未动之先。"从买进股票的时机来看，可以归纳出下列几种"可以进场"的情况。投资者入场前应对作出判断，把握大势，顺时介入。

1. 股价升涨阶段

（1）在上升趋势中，股价稳健发展，没有明显的力竭或反转信号时可买入。

（2）股价久盘不动，但有一天成交量突然放大，而且价格上扬并突破上档阻力关卡，则代表涨势开始发动；确定股市已经回升，这是中、短期投资者进场的最佳时机。

（3）投资人的资金大量涌入股市，致使成交量上升，而且股市利多的消息纷纷出笼，说明股价要上升，此时亦可进场买进，把握短线的淘金机会。

（4）在原始的长期上升趋势中所产生的中期四档趋势已跌至原先涨幅的1/3左右，成交量相对减少时可考虑买进。

2. 股价下跌阶段

（1）经长期下跌，计算本益比，股价已至低价区，预期发行公司在两三个月之内将陆续配息，而且趋势图上股价跌幅已缓和时可考虑买进。

（2）在下跌趋势中，遇到强有力的支撑线，股价未能立即突破而下，且成交量大减时也可考虑买进。

（3）下跌趋势到达末期，进入盘旋整理的时候，就是长期投资者开始买进的时机。

（4）当股市下跌时成交量由大到逐步萎缩，价格也由急剧变动到平稳状态，代表下跌时间已近尾声，投资者可将少量资金分批往下承接，再分批往上获利出逃。

（5）市场充满悲观气氛，利空消息接二连三传出，股价连续几十个跌停板，尤其投资性股票也出现跌停板时，可考虑买进。

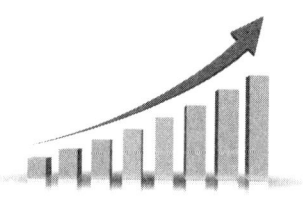

第48招　短线离场前的判断

股票总是拿在手里是赚不到钱的，紧握不售不是金科玉律，必须在一定的时间卖掉。可是，什么时间卖才能获得令人满意的利润呢？

根据股市的发展规律，股市始终于升涨阶段和下跌阶段交替运行。

1. 升涨阶段具备以下情形，股票投资者可以卖出

（1）当股价持续上涨一段时日后，在某一价位区间成交量大幅增加，而股价却上下浮动有限时，此时投资者应提高警觉，分批将股票脱手。

（2）股价经长期上升，本益比已至高价圈，股价遇到坚强的阻力线，无法向上突破，而且趋势图上形成重要而明显的反转信号时应立即卖出。

（3）当股价涨势已到末期，上升乏力，形成盘旋整理势态时，长期投资者可逐步酌量获利卖出。

（4）经过长期的上升，股价已有一至三次的中期下跌趋势，计算本益比股价已到高价区，成交量减少，发行公司即将除息、除权或者部分发行公司业已除息、除权时应考虑卖出。

（5）市场充满乐观气氛，利多消息频传，股价大涨，连续上涨几十个涨停板，连冷门股都出现涨停板时应考虑卖出。

2. 股市下跌阶段具备以下情形，股票投资者可以卖出

（1）股价在长期下跌趋势中所产生的中期反弹变动已回涨至前一跌势跌幅的1/3左右，且连续出现几个涨停板，市场交易极为旺盛，成交量逐步增大时应考虑卖出。

（2）当长期下跌中股价稍微反弹一下又开始下滑，且跌破支撑线时，对注重短期利润的投资者来说就该立刻卖出。

（3）在下跌趋势中，股价持续上升，没有明显的力竭或反弹信号时亦应出货观望。

（4）当股价在下跌初期，成交量大增，而价格却急速下滑时，就表示大跌时间的开始，中、短期投资者应该断然出货观望。

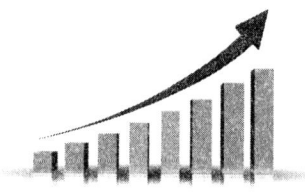

第49招　买在收市前

对于每一个涉足股市的投资者而言，短期获益是他们所期待的，而且不少投资者在炒股过程中也学到了不少的知识和技能，同时也积累了一些经验。

但在实际的操作过程中，常会受到大盘波动的影响，大多数投资者会以急躁的心态进行操作。即使在大盘进入上升通道中进行积极的操作，也应该选择一个良好的卖点。为了实现短线暴富的目的，必须以一种能够回避当天震荡风险的方法进行操作。

这种操作方法具体表现在选择良好的时机进行短线操作，可在下午收市以前介入正在短线回调的强势股。实际上不管是大盘走牛还是走熊，上午买进的股票风险要远大于下午收盘前买进的股票，这种风险主要与目前实行"T+1"的交易制度有关。而这种制度最大的风险会使投资者上午买入股票到下午就套住5%或10%，如此大的风险常会使投资者设想的利润指标成为泡影。所以，要想在短期内获益，要想在几年内成为富人，就必须坚持在收市前几分钟买股票。在股市上涨时，可对一些成交量暴增的股票密切关注，在大盘下跌时，对一些逆势上涨的股票可重点加以关注，在下午大盘收市前介入一些强势股，在第二天上午当其上行时，可择机出货，每次应有5%左右的利润可获。

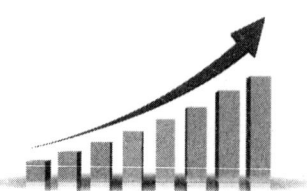

第50招　抓住股价回档机会

在股价连续上涨一段时间之后，股民最关心的就是何时回档，回档幅度有多大，他们希望在回档以前卖掉持有的股票。至于未搭上车者，则希望在回档之后好买进。

一般来讲，股价上涨多了，肯定会有回档。这里必有它的原因：

第一，是股价上涨一段时间后必须稍作停顿以便股票换手整理，就如同人跑步，跑了一段之后必须休息一下。

第二，股价连续上涨数日，低价买进的股民必然获利可观，这是"先得为快"的心理驱动，必然也有一些赚钱的人获利了结，因而形成上档卖压，造成行情上涨的阻力。

第三，有些上一档套牢的股民，在股价连续上涨数日之后可能已经够本，或者亏损大大减轻，于是趁机卖出解套，使得卖盘压力沉重。

第四，股票的投资价值随着股价的上升而递减，股民的买进兴趣也随着股价的上升而趋降，因而追涨的力量减弱，使行情上升乏力。

那么股价回档究竟有多深？道·琼斯理论认为，强势市场回1/3，弱势市场回2/3。

因此，短线交易者应抓住股价回档的时机，即在股价回档时买进。

第51招　除权前后多关注

股份公司经营一段时间后（一般为1年），如果营运正常，产生了利润，就要向股东分配股息和红利。

在分红派息前夕，持有股票的股东一定要密切关注与分红派息有关的四个日期：

（1）股息宣布日，即公司董事会将分红派息的消息公布于众的时间。

（2）派息日，即股息正式发放给股东的日期。

（3）股权登记日，即统计和确认参加本期股息红利分配的股东的日期。

（4）除息日，即不再享有本期股息的日期。

在这四个日期中，最重要的是股权登记日和除息日。由于每日有无数的投资者在股票市场上买进或卖出，公司的股票不断易手，这就意味着公司的股东也在不断变化之中。因此，公司董事会在决定分红派息时，必须明确公布股权登记日，派发股息就以登记日这一天的公司名册为准。凡在这一天的股东名册上记录在案的投资者，公司承认其为股东，有权享受本期派发的股息与红利。如果股票持有者在股权登记日之前没有登记过户，那么其股票出售者的姓名仍保留在股东名册上，这样公司仍承认其为股东，本期股息仍会按照规定分派给股票的出售者而不是现在的持有者。由此可见，购买了股票并不一定就能得到股息红利，只有在股权登记日以前到登记公司办理了登记过户手续，才能获取正常的股息红利收入。

至于除息日的把握，对于投资者也至关重要。由于投资者在除息日当天或以后购买的股票，已无权参加本期的股息红利分配，因此，除息日当天的价格会与除息日前的股价有所变化。一般来讲，除息日当天的股市报价就是除息参考价，也即是除息日前一天的收盘价减去每股股息后的价格。例如：某种股票计划每股派发2元的股息，如除息日前的价格为每股11元，则除息日这天的参考报价应是9元（11-2）。掌握除息日前后股价的这种变化规律，有利于投资者在购股时填报适合的委托价，以有效降低购股成本，减少不必要的损失。

对于有中、长线投资打算的投资者来说，还可趁除息前夕的股价偏低时，买入股票过户，以享受股息收入。出现有时在除息前夕股价偏弱的原因，主要是这时短线投资者较多。因为短线投资者一般倾向于不过户、不收息，故在除息前夕多半设法将股票脱手，甚至价位低一些也在所不惜。因此，有中、长线投资计划的人，如果趁短线投资者回吐的时候入市，既可买到一些相对廉价的股票，又可获取股息收入。至于在除息前夕的哪一具体时间点买入，则是一个十分复杂的技巧问题。一般来讲，在截止过户前，当大市尚未明朗时，短线投资者较多，因而在行将截止过户时，那些不想过户的短线客，就得将所有的股票沽出。越接近过户期，沽出的短线客就越多，故原则上在截止过户前的1~2天，可买到相对适宜价位的股票。但切不可将这种情形绝对化，因为如果大家都看好某种股票，或者是某种股票的派息十分诱人，也可能会出现"抢息"现象，即越接近过户期，购买该种股票的投资者越多。因而，股价的涨升幅度也就越大，投资者必须根据具体情况进行具体分析，以恰当地在分红派息期掌握好买卖火候。

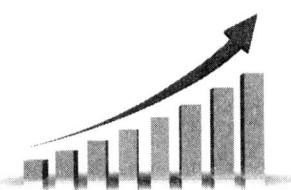

第52招　避开黑色星期一

"星期一现象",即星期一的收益率明显比一周中其他日子为低,股市下跌的概率比较大。这是一个全球股市的统计结论,揭示了股票价格波动的一个规律性现象。

"星期一现象"说明股票选时是极为重要的。如果说你花很多时间好不容易买到一个绩优股(你认为是)并持有,一旦股市出现"黑色星期一",你以前所做的努力、所花的成本将付诸东流。由此可见,选股不如选时。

那么,为什么会有"星期一现象"呢?这方面的权威研究资料还不多。一个流行的解释是,周六、周日这两天,投资者会接收到大量的信息,投资者对这些信息的理解和消化容易产生困惑和焦虑,从而导致星期一的卖出行为。也就是说,心理因素起着主导作用。

那么,投资者应该怎样对待"星期一现象"呢?归纳为以下几点。

1. 要善于利用"星期一现象"

这个现象既然存在,就为投资者提供了获利的机会,要善加利用,不能漠视。星期一通常是买入的好时机。有两种买入:一种是战略性投资买入,另一种是战术性投机买入。

2. 买入时要适可而止

利用这一现象进行操作,能赚钱就好,不要指望一次赚很多。一般来说,星期一逢低买进,到星期三、星期四,最迟到星期五上午,逢高就卖了,不能贪婪。

3. 不能教条主义,要伺机而动

逢星期一股市有可能下跌,但不是一定下跌。"星期一现象"有一定的规律性,但也有不确定性。不能教条地、僵化地进行操作,要具体情况具体分析,灵活应对,既不放过机会,也不能盲目行事。

第53招　岁末年初机会多

从股市历史走势的规律进行分析，岁末年初也有意想不到的宝藏，年底买入的股票，大多在来年一月、二月时都能高价卖出。岁末年初之时会有这样好的时机是因为年底是过节时期，因此各家各户都不会将大量资金储入银行或购买股票。人们都担心年终市场会出现意想不到的事情，所以市场对未来往往信心不足，使得股票下跌，此时买股票是最划算的。

那么，在岁末年初这段时间里，投资者应该怎样把握市场机会，选择适当的投资选股策略呢？

从个股机会分析，每年的岁末年初时期都会诞生一批跨年度黑马，这种情况即使在前几年的弱市行情中也相当普遍。因此，在操作中，投资者重要的不是鉴别大盘的强弱，而是要选择能够走强的个股。根据往年的市场规律分析，岁末年初这段时间中，极有可能出现跨年度黑马的股票大致有三类，其中值得重点关注的是重组类的ST股和年报业绩预增股。

每逢年底，股市中最为热闹的当属围绕减亏、扭亏、摘帽、保牌而展开的重组概念股的炒作，因为一些ST上市公司连续出现亏损，面临退市。各方因为这一紧迫因素而降低了要价，从而使得年底之前上市公司重组速度明显加快，并因此给投资者带来一定的短线投资机会。与此同时，一些业绩预增股也会因为良好的基本面而受到欢迎，股价也出现强势上涨，年报预增行情也将由此展开。这两类个股在岁末年初阶段适宜重点关注。

除此之外，还要从盘面走势特征分析，关注异动股。

研判市场尤其是分析个股的机会，从技术到基本面乃至软件、模型等工具，时下有多种方式，但投资者在实际操作过程中往往有"只缘身在此山中"的感觉。其实，就实战而言，我们可以把握住一些重点个股波动中的异常轨迹，去伪存真，持续跟踪，选择好操作点，往往会有不错的收获。

在2007年末和2008年的行情发展中，把握个股的中线趋势很重要，找到真正的操作点去发挥自身的优势进行适度超前的参与，更是投资者所需要的。其要点在于：成交量在阶段均量附近；个股必须基本面不错且有投资基金、创新券商理财账户介入；股价处于相对适中位置；市场整体处于强势上涨阶段中。

在这些要点中，第二点尤其重要。就目前的市场来说，由于处于岁末年初，恰恰是市场相对有活力的阶段，在价值的引导下，"对号入座"的个股会逐渐多起来。分析这类个股异动的原因，将有助于投资者更好地把握住投资机会。

近期大盘一度出现高位震荡，很多投资者颇为担心。基于岁末年初市场中存在的这些规律，投资者有必要树立"轻大盘、重个股"的投资理念，因为在年末行情的市场条件下，参与跨年度牛股比参与跨年度牛市更加重要。

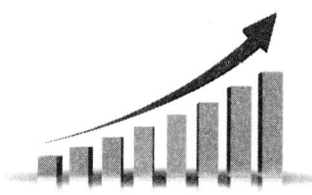

第54招　短线套牢有应对

在股市上，被"套牢"已经不是什么新鲜的事，而是随时随处可见。所谓"套牢"，指的是买进股票的成本已高出目前可以出售的价格。在瞬息万变的股票市场中，"套牢"在所难免，它也是一项必要的经验和教训。"套牢"的程度有轻重，"解套"的方法也有所不同。

1. 果断解套

如果你手中持有的股票本质不佳，发行公司的财务状况和盈利能力都不尽如人意，并且整体投资环境亦有趋向恶化的迹象，那么你就应该咬紧牙关，及早脱手，以求把损失降到最低。如果本身对得失看得很重，那么，"套牢"势必影响自己的情绪，整日寝食不安，真不如"壮士断腕"，钱毕竟是身外之物。

2. 静观其变

如果你手中持有的股票本质不坏，公司的经营状况还能稳步上升，并且整体投资环境尚良好，股市走向仍未脱离"多头市场"，那么，你大可不必只看眼前利益，应该稳坐"钓鱼台"，静观其变，起码"不卖，不赔"，总有一天会有股价回升的"解套"之时。

3. 分批"解套"

如果你手上持股"套牢"却又无法确定这种股的进一步走向，那么，你不妨"分批解套"，即将"套牢"个股分批卖出；同时，另行补进其他强势股，尽量争取得失平衡。

总而言之，股市行情错综复杂，时机并非一律雷同，而是因人而异。投资是否成功，关键在于根据股市实情随机应变，灵活掌握，不能拘泥于现成的法则和传统的经验。

拉升行情不踏空

第55招　判断底部启动行情

即将底部启动行情的识别方法如下：

（1）股价离历史最低价不远（指近一年），高位曾经放量，但后来一路盘跌，近两三个月忽然不再下跌，成交量比下跌时悄然放大，有时候甚至放大到下跌时的5～10倍，股价在此期间涨幅甚小，不到20%，5日和10日均线走得很平，30日均线也快到了，突然某天大涨一下，过后好几天都没动静，又几乎跌回原处，甚至于无量跌破平台，此时并无该股的重大利空，倒是那天大涨之后有某种利好传闻。走出低位平台放量，然后无量向下急跌的形态（跌的过程中大家都在赔钱，只是庄家赔小挣大，而且跌的量小于平台放量的10倍以上），就表明该股离启动不远，不超过10天，此时果断介入，坐等抬轿，不亦乐乎！如果心里还不踏实，可继续观望至该股V形反转至平台处，不用放大量即轻松越过，到时再跟进也不迟，只不过是少赚15%～20%。

（2）股价处在高位或新高附近，然后长期横盘（横盘时大盘很可能阴跌不止），此类股票在创出此高价时成交量逐级放大，到了高位后却没有放过量，而且成交量日益递减，到横盘末期，日换手率竟在千分之一二，在盘中经常可见几百股就把股价上下打来打去几毛钱，此时千万不要以为庄家体力太差或庄家不存在了。实际上当时见庄家进场跟进的人大都忍受不了长期的折磨，要么平推，要么割肉走了，而后来的人见股价太高，都不敢介入。从图形上来说，短中期的均线都已走平，长期均线即将与短期均线碰撞，K线收出一串小十字星或下影线较长的"T"形，有时也出现大幅低开后又迅速拉回平台的情况，这就意味着这只股票即将启动，必然创出又一高点。需要注意的是，这种股票有时有风险，就是临近年底或临近出报表时，庄家拉出一波天天放量的行情，其实是边打边退，K线图看着很漂亮，后来突然不放量了，一路阴跌，大家还以为是调整，死捂不放，或者还有个别股评家使劲推荐，公司的基本面也挺好，这都是配合庄家出货，所以这种股票一定要在成交量萎缩到极点时介入，一旦连着四五天放量推高，就不必去刀口舔血了。

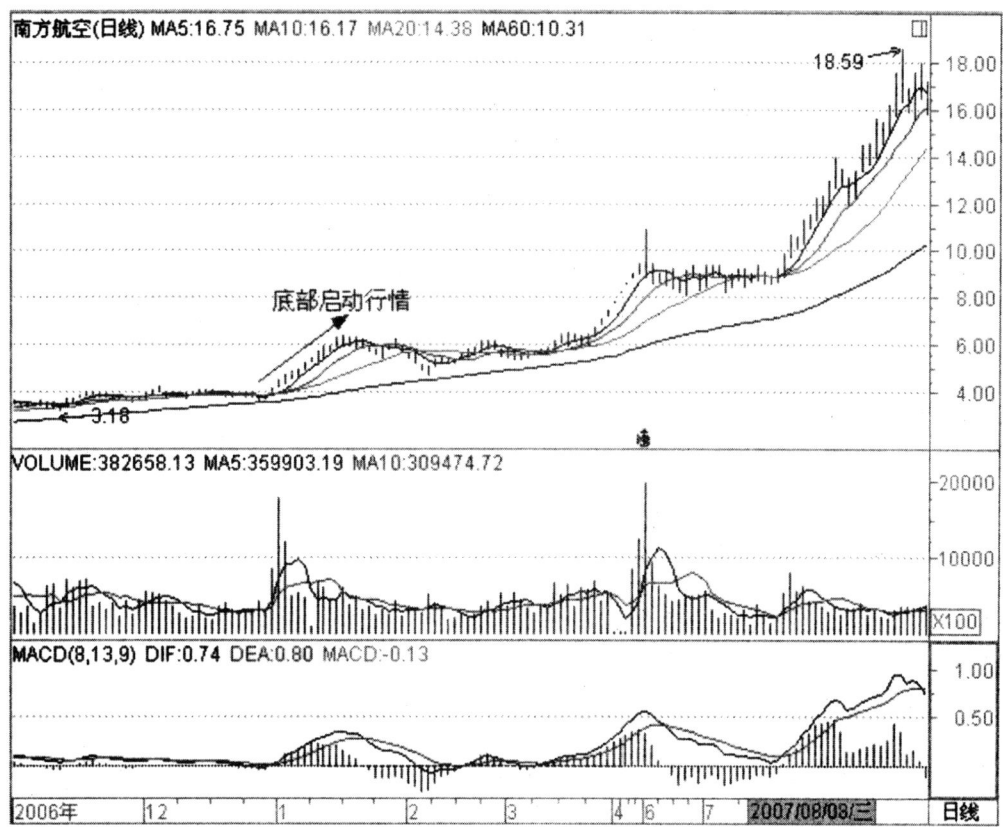

如上图，600029在经历长期下跌后到2006年有企稳横盘走势，期间成交量间歇性放大，5日、10日、20日和60日均线都走平，在2006年5月走出一波短暂上升行情后又无量向下跌回底部，极大地消耗了散户们的信心。其后又经历了3个月的横盘走势后，开始走出底部启动行情。

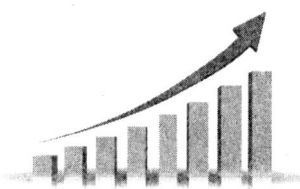

第56招　判断初升行情

短线交易者判断初升行情的重要预测公式和方法是：

第一，首先预测全天可能的成交量。公式是：（240分钟÷前市9：30到看盘时为止的分钟数）×已有成交量（成交股数）。使用这个公式时又要注意：往往时间越是靠前，离9：30越近，则越是偏大于当天实际成交量。一般采用前15分钟、30分钟、45分钟等三个时段的成交量，来预测全天的成交量。过早则失真，因为一般开盘不久成交偏大偏密集；过晚则失去了预测的意义。

第二，如果股价在形态上处于中低位，短线技术指标也处于中低位，则注意下列几种现象：如果当天量能预测结果明显大于昨天的量能，增量达到1倍以上，则出现增量资金的可能性较大；当天量能预测结果一般说来越大越好；可以在当天盘中逢回落尤其是逢大盘急跌的时候介入；如果股价离开阻力位较远，则可能当天涨幅较大；如果该股不管大盘当天的盘中涨跌，都在该股股价的小幅波动中横盘，一旦拉起，则拉起的瞬间，注意果断介入。尤其是：如果盘中出现连续大买单的话，股价拉升的时机也就到了。通过研判量能、股价同股指波动之间的关系、连续性大买单等三种情况，盘中是可以预知股票将要拉升的。综合上述，也即股价处于中低位、量能明显放大、连续出现大买单的股票有盘中拉升的机会。尤其是股价离重阻力位远的，可能出现较大的短线机会。

第三，如果股价处于阶段性的中高位，短线技术指标也处于中高位，尤其是股价离开前期高点等重要阻力位不远的话，则注意：量能明显放大，如果股价不涨反而走低的话，则是盘中需要高度警惕的信号，不排除有人大笔出货，这可以结合盘中有无大卖单研判；高位放出大量乃至天量的话，则即使还有涨升，也是余波。吃鱼如果没有吃到鱼头和鱼身，则鱼尾可以放弃不吃，鱼尾虽然可以吃，但毕竟肉少刺多。

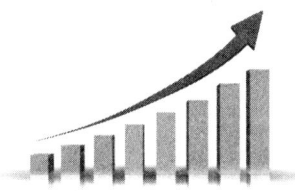

第57招　判断主升行情

一轮行情中涨幅最大、上升持续时间最长的行情为主升浪行情，比较类似于波浪理论中的第3浪。主升浪行情往往是在大盘强势调整后迅速展开，它是一轮行情中投资者的主要获利阶段，参与主升浪行情必须要了解它的特征。

从技术指标角度分析，主升浪行情具有以下确认标准：

（1）主升浪行情启动时，多空指数BBI指标呈现金叉特征。BBI将由下向上突破EBBI指标。判断上穿有效性的标准要看BBI是从远低于EBBI的位置有力上穿的，还是BBI逐渐走高后与EBBI黏合过程中偶然高于EBBI的，如是后者，上穿无效。

（2）主升浪行情中的移动平均线呈现出多头排列。需要注意的是，移动平均线的参数需要重新设置，分别设置为3日、7日、13日、21日和54日，这些移动平均线与普通软件上常见的平均线相比，有更好的反应灵敏性和趋势确认性，而且由于使用的人少，不容易被庄家用于骗线。

（3）在主升浪行情中，MACD指标具有明显的强势特征，DIF线始终处于MACD线之上，两条线常常以类似平行状态上升，即使大盘出现强势调整，DIF线也不会有效击穿MACD线。同时，MACD指标的红色柱状线也处于不断递增情形中。这时，可以确认主升浪行情正在迅速启动。

（4）随机指标KDJ反复在高位钝化。在平衡市或下跌趋势中，随机指标只要进入超卖区，就需要准备卖出；一旦出现高位钝化，就应坚决清仓出货。但是在主升浪行情中，随机指标的应用原则恰恰相反，当随机指标反复高位钝化时，投资者可以坚定持股，最大限度地获取主升浪的利润。而当随机指标进入超买区时，投资者就要警惕主升浪行情即将结束了。

第58招　判断上涨行情的真假

股价变动是通过涨跌来体现的。我们这里所说的涨跌，不是指每日涨一点或跌一点的小波动，而是指股价持续阶段波动或者日涨跌幅度很大的波动。在底部区域，一只股票成交量不能太少，特别是震幅不能太小，成交量少、震幅小的股票没有弹性，后市潜力可能不大。一只股票经常在涨幅排行榜前列出现，也经常在跌幅排行榜前列出现，敢涨也敢跌的股票才是好股票（以庄家没有赚过钱为前提），这样的股票以后可能成为大"黑马"，值得重点关注。对待上涨，最关键的是要区分清楚股价是不是真的上涨。据经验得出以下结论：

（1）从来没有上涨过的，而且股票价格定位又不高的，真涨的可能性就大。

（2）股价离庄家成本不远的，上涨的概率很大。

（3）股价位置低，经过了充分盘整的，上涨的概率更大。

（4）没有消息，没有明显上涨理由的（主要指利好刺激），真涨的可能性很大，如果短期配合出利好消息的，则只是小涨一段。

（5）出现突发性利好而上涨的，上涨可能持续不了多久，已经涨幅巨大的，下跌不久就要来临。

（6）缺少成交量配合的上涨，真实程度不够（除非经过放巨量震荡整理后缩量上行，且控盘的庄股，此类股票以后不会太多）。

（7）没有气势的涨是虚涨（除非持续不断小阳上涨，且温和放量），上涨可能是假的。

（8）上涨过快的股票，除非经过长期的震荡整理，且量价配合理想，并刚刚进入庄家的拉升阶段，否则当心"震荡"或反转。快得很有"气势"，可能是短跑黑马。

（9）慢涨盘面上经常有点"花招"又长期不涨、让人腻味的，股民不愿参与、没有持股信心的，股价位置不高，又经历了充分震荡、换手的，可能是大黑马。

（10）经过充分炒作累计上涨幅度巨大的股票，一旦开始下跌，其后可能有数次间歇性的上涨，尽管有时幅度还不小，但这仅仅是反弹而已，快跑为妙，千万不要抱有任何幻想。

对待涨跌都应该有一个清醒的认识，上涨不一定都是好事，顶部阶段的放量暴涨，下跌途中的单日放量突涨，以及平衡市和熊市中遇反弹时的大涨，可能都不是什么"福音"。因此对股价的涨跌，应辩证地看待。上涨蕴涵着的是风险，下跌孕育着的是机会。涨虽然是机会，但如果涨的不真实或涨的基础不牢靠，上涨的幅度过大、过急，则上涨就蕴涵着风险，并且伴随着上涨，下跌是迟早的事情，而下跌的机会则更大。首先，只涨不跌就积累了巨大的风险，涨幅越大则风险越大，而下跌可以化解风险。其次，经过下跌以后，上涨基础反倒是坚实的，并且下跌为上涨积累了能量。最后，股市是逐利的场所，下跌幅度越大，机会就明显越大（以不是熊市为前提），庄家就会入场，赚钱的机会就到了。

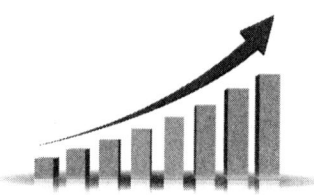

第59招　判断突破是否有效

从理论上讲，在上涨行情中，每一个未成交的委卖单都是阻力，在下跌行情中，每一个未成交的委买单都是支撑，只是阻力和支撑的力度大小不同而已。行情一旦突破成功，一般要惯性延续一段时间，股价的上升或下降都是需要推动力的，在行情发展过程中多少会遭遇到阻力，只是阻力有时大一些，有时小一些。散户是一个不团结的群体，其心态因人而异，每个人买卖股票都有自己的理由，在一般价位上的成交是随机和没有规律的，但一个善于分析总结的人会发现在某一些点位上，散户们会不约而同地在某一个价位排队等候买卖，仿佛在盘面上形成了一道人墙，较大程度地阻止行情的上涨或者较大程度地阻止行情的下跌，这些容易形成散户"不约而同"行为的价位，就是人们津津乐道和试图努力寻找的阻力位和支撑位，当然也是操盘手画图的依据，视"不约而同"的程度，阻力位和支撑位的作用也不同。以下是较有可能形成阻力位和支撑位的价格：

（1）在历史高位、历史低位附近。

（2）通道、箱体的上轨线和下轨线附近。

（3）黄金分割点。如0.382、0.618、0.5等。

（4）技术指标发出的买卖信号点。如金叉、死叉、顶背离、底背离等。

（5）近期（3个月内）形成的成交密集区，是较重要的阻力点、支撑位。

（6）重要的时间之窗（如8、13、21、34等）或者长假期（国庆、春节）前后。

（7）重要的整数关口（包括指数和股价的整数）。

除了上述几种情况外，突发性的新闻也会促使人们"不约而同"在某一个价位筑起一道"人墙"。但是这种"不约而同"的程度有多大呢，换句话说，应当如何分析阻力位和支撑位的力度，从而判断这些点位是否被"突破"和"击穿"呢？限于篇幅，我们以第一种情况上涨过程中对历史高位处的真假突破为例进行分析。

可以设想某只股票的走势接近历史高位时，行情继续上攻，所遭遇到的"阻力"主要来自：一是底部买入的股票获利回吐的压力；二是前期高位被套盘的解套抛压。如果以前的历史高位形成时的成交量（换手率）小，则说明被套住的筹码不多，今次行情上攻的阻力主要来自底部获利筹码的抛压。根据庄股运行的规律，当股价运行到一定的高度时，散户手中的大部分筹码应当是被震仓出局了的，少数"死多头"散户手中的筹码并不会对行情造成太大的阻碍，因此这种情况下，前期历史高位就较容易被突破。如果以前的历史高位形成期间成交量十分巨大，在后继行情展开的过程中，高位套牢的大量筹码并未割肉（可用移动成本分析法观察散户的割肉情况），那么今次行情上攻的主要阻力则主要来自于解套盘的抛压，从人们的心理层面分析，大部分散户的解套意愿一定大于获利了结的意愿。在解套价位下，大部分的散户会"不约而同"地形成集体解套抛压，在这种情况下，行情的上攻就会遇到较大的阻力，这个历史高点较难被突破，投资者最好避开这堵"危墙"，出局观望。

无论阻力大小，一旦真的被突破都会有大小不一的行情，但在许多情况下行情突破后散户一旦杀入，就会发觉股价不久又回到了原先的"阻力区"内再次徘徊不前，甚至掉头。庄家利用假突破诱多或诱空是常见的手法，就像足球场上的假动作，晃掉对方以后，才能长驱深入对方的禁区。

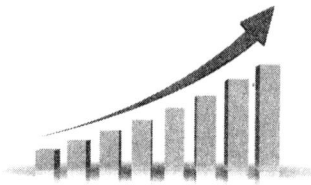

第60招　判断上涨气势强弱

气势指股价涨升的气概、势头，股票真正的上涨，一定是有气势的涨升，这是从盘面上区分股价上涨的真假、虚实以及判断庄家意图的参考依据。在目前情况下，炒股赚钱的机会只能存在于上涨之中，但是上涨有多涨少涨、真涨假涨以及上涨以后是继续上涨还是很快反转下跌的区别。股价上涨和拉升，没有气势不行，庄家做多的意愿需要通过上涨气势体现出来。因此，研判股价上涨的气势，有助于我们分清真涨和假涨、大涨和小涨以及躲避风险及时把握获利机会。其主要特征有以下几点：

（1）股价上涨能持续扬升的，才具有投资价值，绝不是偶尔的异动。伴随股价上涨，成交量持续放大或者温和放大，不是偶然一两天的突放巨量。

（2）关键位置上涨有力度，突破时有力量，干脆利索而不拖泥带水。

（3）股价紧贴5日均线上行，走势坚挺，总体走势的角度大于45度。波段形状清楚，波段内5日均线是直线，不是弯弯的曲线。

（4）"阻力"和"压力"阻挡不了股价的持续上涨，庄家做多意愿坚决。

如果股价上涨没有气势只是虚张声势，意味着该股可能没有庄家，或者庄家的实力不够，或者个股的基本面不支持该股做多，庄家没有底气或胆量。没有气势的股票盘面死气沉沉，其特征为：上涨不够持续，股价偶尔突然大涨，成交量突然放大；股价走势疲软，总体走势平缓，角度低于30度；关键位置上涨无力，阻力、压力重重，庄家无做多意愿；每一个上涨波段以内，阴阳K线交错，波段形状不清晰，5日均线走平或是弯弯的曲线；个股走势明显弱于大盘。

如下图，002162股价从上市的当日创出了最高19.95元后开始一路下跌，最低跌到3.13元，而睿智远见的庄家早已埋伏其中。凭借迪斯尼独特题材，股价开始向上突破，连续出现5个涨停板，成交量也同步放大，一举突破前期高点和成交密集区，这与当时低迷的大势形成强烈的对比。从上涨气势看，甚为凶猛，股价不涨则已，一涨则气势磅礴，势如破竹。

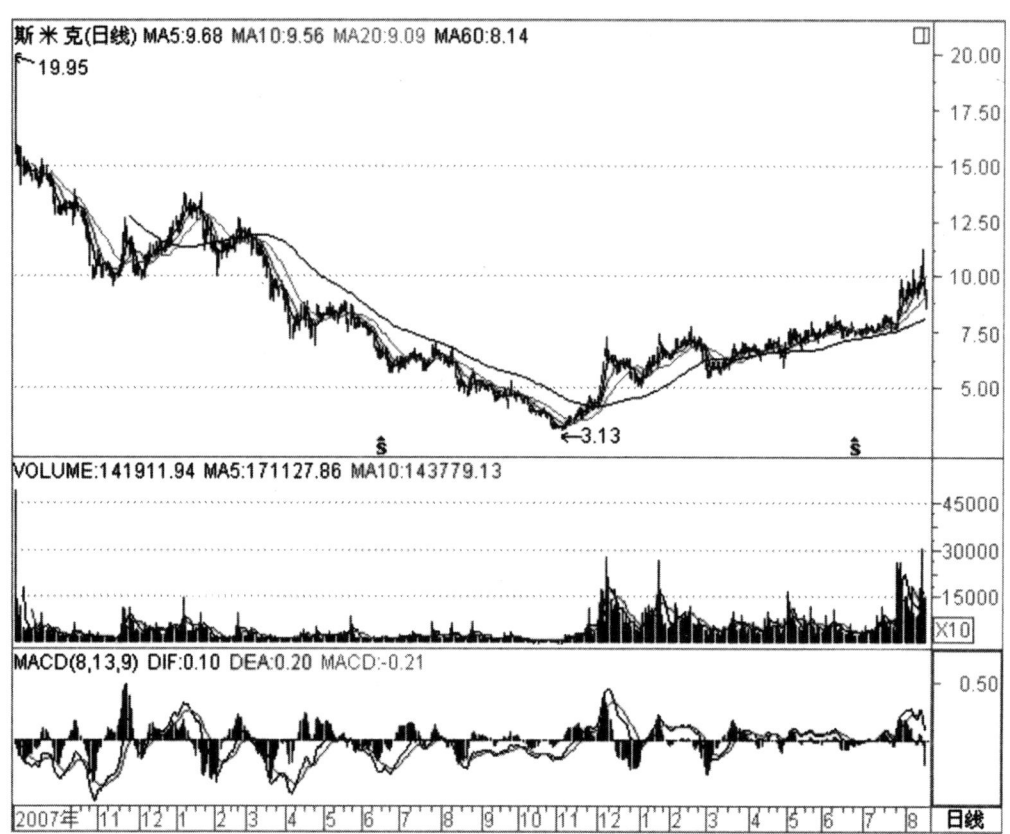

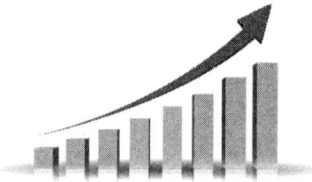

第61招　判断股价持续长短

庄家入驻某只股票后，涨升是必然的，也是最令人激动的时刻。此类股票几乎是每一个股民孜孜不倦的追求目标。前面说过，股价涨升要有气势，也就是说有气势的股票才能上涨，无气势的股票就不能指望它上涨。那么，股票的气势靠什么体现出来呢？靠持续，这是股价上涨的重要因素之一。庄家的做多意愿体现在持续的上涨之中，股票真正的上涨，一定要有持续的涨升，这也是从盘面上区分股价上涨的真假、虚实以及判断庄家意图的参考依据。在实盘中，有的股票能够持续升势，投资者有获利机会；有的股票持续性不强，如"见光死"股票，投资者跟进后即遭套牢。因此，研究股价上涨的持续性，可以提高投资者的看盘技能，把握获利机会。其主要特征如下：

（1）股价上涨必须是连贯性的，而不是一两天的短期上涨。

（2）股价上涨速度很快，在K线图上以长阳短阴、大涨小回、二阳一阴等方式，股价紧贴5日或10日均线快速上扬，角度大于45度。

（3）上涨要有一定的幅度，一般一个波段大于30%以上。在波段内，一般没有跳空缺口，股价呈小波段逐波上行，涨跌有序，买卖点明确。

（4）股价上涨是因为有人在刻意"拉动"，是庄家的故意行为，具有明确的拉升目的和意图，如果仅仅是因为大家看好哄抢而上涨，则股价很快会归于沉寂。

（5）上涨中没有派发动作，这样的上涨是推升股价的一种方法，目的是为拉升服务，庄家通过盘中制造人气，吸引场外投资者介入，然后轻松推升股价。

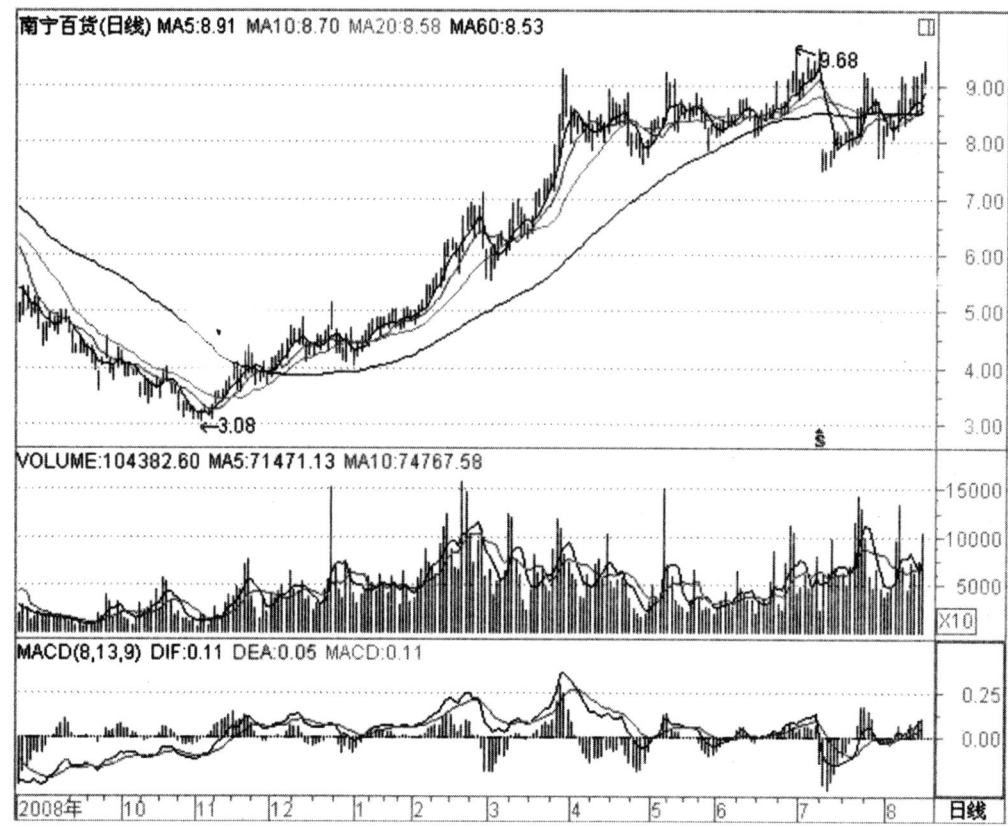

如上图，600712庄家采用"下行式吸货路径"通吃筹码，在2008年11月将股价最低打压到3.08元（均为除权价），而后企稳回升，股价持续走强，成交量温和放出。股价大涨小回，K线长阳短阴，以小阴线或十字星代替洗盘调整，股价紧贴均线稳步拔高，在上涨行情中不留缺口，也不出现涨停板，股价保持在一个超过45度的上升通道之中。从盘面看，股价上涨有气势、有力度，在突破前期高点及成交密集区时，动作麻利，庄家做多意愿坚决，不受外界因素干扰。使该股迎来一轮大牛市行情，股价从3.08元左右开始，突破重重阻力，8个月时间上涨到了9.68元，累计涨幅超过300%，跟随者获利甚为丰富。

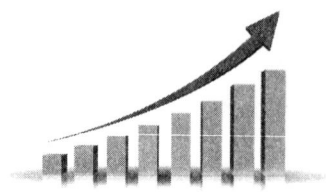

第62招 判断走势是否极端

股价顺着上涨或下跌的发展方向达到了极限端点，市场产生非理性操作阶段，演化为极端行情。极端行情在股市中经常出现，这就是人们常说的强者恒强、弱者恒弱、惯性上涨、惯性下跌等。股价上涨令人兴奋，特别是连续的上涨更是激起人们疯狂的追捧，市场交投极其活跃，此时投资者往往失去了理性；股价下跌叫人忧伤，特别是连续的下跌更是引发人们疯狂杀跌，市场交投极其低迷，此时投资者往往也失去了理性。在拉升阶段中的极端行情，有以下主要特征：

（1）股价上涨必须是连贯性的，而不是一两天的短期上涨，且涨得让人难以相信。越是让人害怕，股价越是上升。

（2）大多数技术指标失效，技术派高手无所适从。KDJ、RSl、DMl、W%R等技术指标严重钝化，MACD、WVAD、SRI等技术指标背离态势，BOLL、MIK等技术指标失去压力。只有VOL、OBV、SRAR等量价技术较为理想。

（3）成交量持续放大，而不是一两天的急剧放大，且量价配合理想。

（4）人气极其旺盛，交易所里人头攒动，新开户人数骤增；若是个股行情，则短期内股价大幅扬升，股票名称人人皆知，成为一时的明星股。

（5）极端行情的出现，往往是最后的疯狂，终点前的冲刺，股价很快见顶回落，股民应做好见好就收的准备。

第63招　拉升阶段坐轿策略

无论是什么样的庄家，在进场收集一定的筹码并经不同程度的洗盘（非必需的，可在拉升中完成）后，最终必然会将股价通过一定的手段拉升起来，以达到将来于高位派发获利的最终目的。具体到不同的庄家、不同的个股，其拉升手法也会有差异，拉升的幅度也难以准确把握。但是，由于这是庄家必须完成的一个关键阶段，综观中外，概莫能外。这也是一批短线交易者看准庄家，紧跟步伐，享受最高级别快乐的时光。

（1）估算庄家的拉升高度。在解释这个问题之前，必须区别不同类别庄家的获利要求：

①短线庄家的拉升由于收集的筹码比较小，一般都不会将股价拉得太高，通常在10%~20%，超过30%以上就要有个股的重大利好消息或大市的极力配合。

②中线庄家的拉升由于控盘高、时间长、投入多、成本高，拉升幅度显然要求大一些，一般在80%~100%，强庄股或潜力股超过200%、300%以上者不乏其例。

③长线庄家比中线庄家要求的利润更高，拉升幅度更大，但往往分为几个大波段操作，每一个波段的利润区都较大，一般涨幅都在100%以上。

庄家入驻一只股票之后，没有获利一般是不会撤退的。作为庄家一进一出之间没有30%的净利润，一般是不会干的。我们在第三章通过计算庄家的持仓成本，加上30%的净利润，再加上融资成本、交易成本、拉升成本、洗盘成本等因素，最后没有50%的利润空间，庄家是出不了局的，有了这个起码目标作为参考，我们就不会过早地跟庄家说"再见"了。

（2）在拉升初期时介入。此时介入几乎无需等待，马上就会有账面利润，这时跟进需要胆识，因为股价已脱离底部区域，并上升了一大截。跟进的价位以不超过庄家成本的30%为宜，较强的庄家，可以调高至50%。注意，这里指的是庄家的成本，而非股价在本轮的最低价位。此时跟进的重点就是，要准确判断究竟是拉升还是洗盘的继续。有时候，有的庄家实力不济，反复在50%的空间内做波段。此时，若误中奸计，没准会买到一个波段顶点。这就强调在拉升初期跟进时不宜过分追高的原因。

（3）在拉升中后期卖出。此时的典型特征是，股价上涨幅度越来越大，上升角度越来越陡，成交量越放越大，交易温度炙热。此时，大幅拉升阶段也就快结束了。因为买盘的后续资金一旦用完，卖压就会倾泻而下。此现象的出现表明涨势将尽，上升乏力，涨势力竭，有趋势反转之嫌。因此，该阶段后期的交易策略是坚决不进货，如果持筹在手，则应伺机出货。

（4）不同拉升手法采取不同操作策略。对于广大散户来说，最乐于持有的股票莫过于直拉式上升了。由于该类股票短期内涨幅巨大，且上升过程中一往无前的态势使得短线客轻易获利，极大地满足了大部分投资者急功近利的心态，深受散户的欢迎。在投机较强的个股上容易发现这类个股的走势，而随着市场的发展，部分主力已逐渐开始摒弃这种短线操作行为，逐渐采用长线投资策略。

对于台阶式拉升，一步一个台阶上升，每上升一个台阶，幅度都不会太大，30日、60日均线对股价的走势形成长期的依托，股价离移动平均线不远，很少形成加速走势，投资者在短期内获利有限，使庄家操作时上行压力不大。而一旦大盘不稳，该类股票回调也有限，在30日、60日均线处往往止跌。通常，这类个股很少居于市场的涨幅前列，基本上不为市场所关注，而成交量也不会呈现较明显的放大状态，经常以缩量的形式缓缓走高，在不知不觉之中完成了推高过程。

事实上，发现庄家不是最难的事情，敢于跟定庄家最终大赢出局才是最难的。特别是每日坚持看盘的朋友经受的考验更是无法用言语形容，买进之后担心庄家继续打压无钱补仓；庄家拉升之后随时又担心庄家洗盘，失去波段利润。跟庄是辛苦的，但是坚持用这种方法操作的朋友最终会获得成功。

第64招　区分拉升和试盘

拉升与试盘是两个截然不同的阶段（这里仅对向上试盘而言），但有时两者容易混淆，甚至倒置而为。当庄家试盘的时候误以为是拉升行情来临，而大量追进，结果套牢于顶点，被庄家折磨得精疲力竭。当庄家真正拉升了，又误以为是庄家在试盘而已，于是微利出局，结果眼睁睁看着到嘴的肥肉被人叼走了，气得直跺脚。这里总结几点经验，以供参考：

（1）维持时间不同。试盘时持续时间较短，甚至表现于几个小时。拉升时持续时间至少有3个交易日以上。

（2）K线形态不同。试盘时的K线上下影线较长，实体部分较短。拉升时上下影线较短，常出现光头光脚阳线，实体部分较长。

（3）成交量不同。试盘时成交量来势突然，持续时间较短，在盘面上经常出现单根孤孤单单的长红柱。拉升时呈有规律的放大态势，维持时间较长，在盘面上呈一片绯红。

（4）人气意愿不同。试盘时市场人气刚刚从恐慌中恢复过来，心存余悸，多空双方尚未完全形成一致看法。拉升时市场人气已经激活，赚钱心理趋热，交易所大厅里人头攒动，并出现追涨意愿。

（5）盘面形式不同。试盘时盘面震荡十分强烈，庄家刻意行为明显。拉升时尽管手法各异，但有规律地上行，以吸引更多的力量来抬轿。

（6）操作时机不同。试盘时主要技术指标转强信号不明显，甚至有的还处于下降通道或弱势格局之中，买入信号不强烈。拉升时主要技术指标已呈多头特征，做多态势明显，买入信号十分强烈。

如下图，002180在2008年1月的拉升行情中持续时间至少有3个交易日以上，K线的上下影线较短，实体部分较长，成交量呈有规律的放大态势，维持时间较长。而试盘动作表现的持续时间较短，仅1个交易日，试盘时的K线上下影线较长，实体部分较短，成交量来势突然，在盘面上出现单根孤孤单单的长柱。

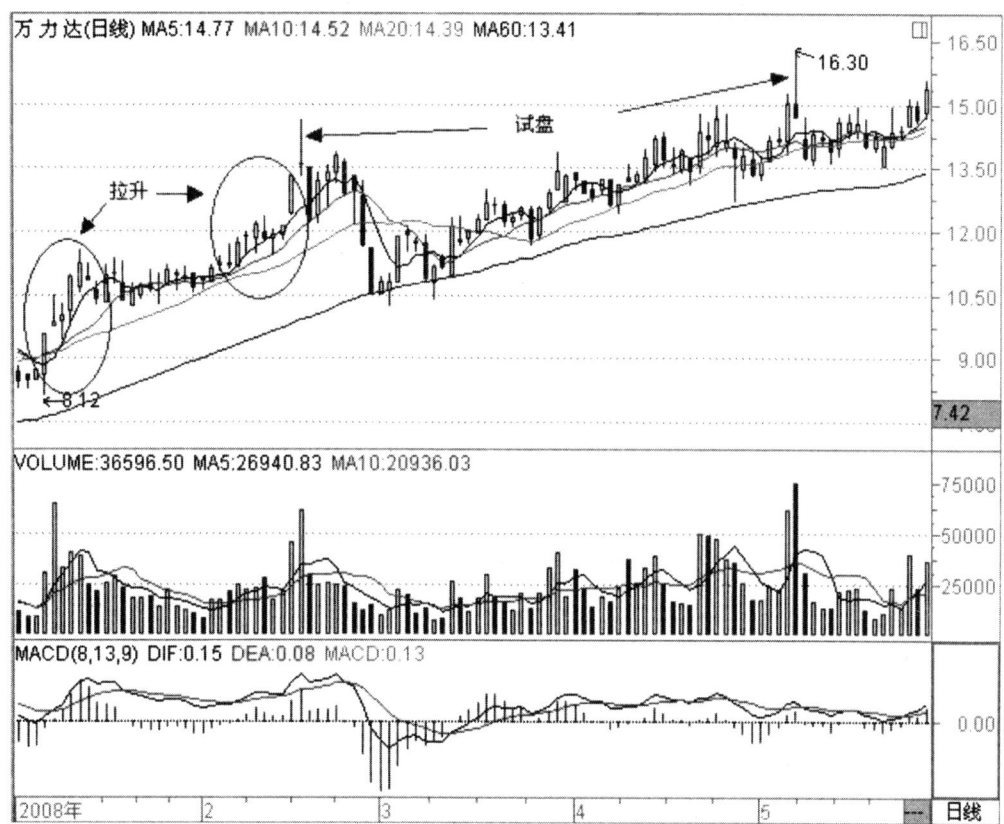

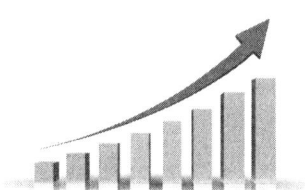

第65招　区分初升和主升

股市扑朔迷离，庄家手法狡猾，散户难分难辨。在实战中，很多人不能辨别拉升与初升的不同，误将拉升当初升操作，结果只在大牛股身上抓了一撮牛毛，而袖手叹悔；或者误将初升当拉升对待，结果套牢在阶段性顶点，而对庄喊冤。那么，拉升与初升有什么区别呢？这里罗列几点仅供参考：

（1）初升时除少数强庄外，盘内不留任何跳空缺口。主升时除少数弱庄或控盘庄外，大多出现向上跳空缺口，且近日内不回补缺口。

（2）初升时多数股的移动平均线刚刚形成金叉或走平或抬头，买入信号初露端倪，但不强烈，BIAS指标值不大，相互间的差值也很少。主升时多数股的移动平均线已经完全构成多头排列，买入信号十分强烈，BIAS指标值不断加大，相互间的差值也随之增大。

（3）初升时股价刚刚脱离成本区不久，此前股价基本没有出现过涨升。主升时股价基本已经成功离开成本区，此前一般有过一段涨势，往往已经完成"空中加油"或震荡洗盘阶段。

（4）初升时市场人气刚刚从恐慌中恢复过来，余悸未尽，有"一朝被蛇咬，十年怕井绳"之惧，多空双方尚未完全形成一致看法。主升时市场人气已经激活，赚钱心理趋热，交易所大厅里人头攒动，并出现追涨意愿。

（5）初升时的成交量较为温和，属中等量。拉升时的成交量急剧放大，交投活跃，换手率高，且持续时间较长。

第66招　区分拉升和诱多

在股价上涨初期，诱多（也称多头陷阱）与上涨行情没有什么明显的区别，在实战中容易误判，所以也是庄家常用的操盘手法。多头陷阱与上涨行情的主要区别：

（1）位置不同。多头陷阱出现在股价的中、高位；而上涨行情则出现在股价的中、低位。

（2）阶段不同。多头陷阱出现在涨升行情的末期，股价有过较大的涨幅；而上涨行情则出现在涨升行情的初期，股价升幅不大。

（3）手法不同。真正多头陷阱来势凶猛，上行速度快，走势比较明显；而真正的上涨行情则在不知不觉中出现，股价慢慢脱离底部区域，直到最后才加速上涨。

（4）持续时间不同。多头陷阱持续时间短，很快回落并击穿起涨点；而上涨行情则持续时间较长，在回档时一般得到技术支撑。

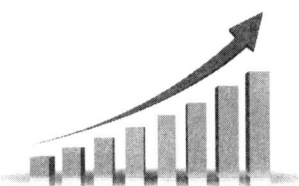

第67招　把握拉升K线特征

拉升K线的盘口现象：

（1）开盘经常以涨停板开盘，且全天封盘不动，或连续大幅跳空高开，且跳空缺口近日不予回补，交易时股价节节拔高，直冲涨停价位附近，锁定盘中筹码，减少上行压力。

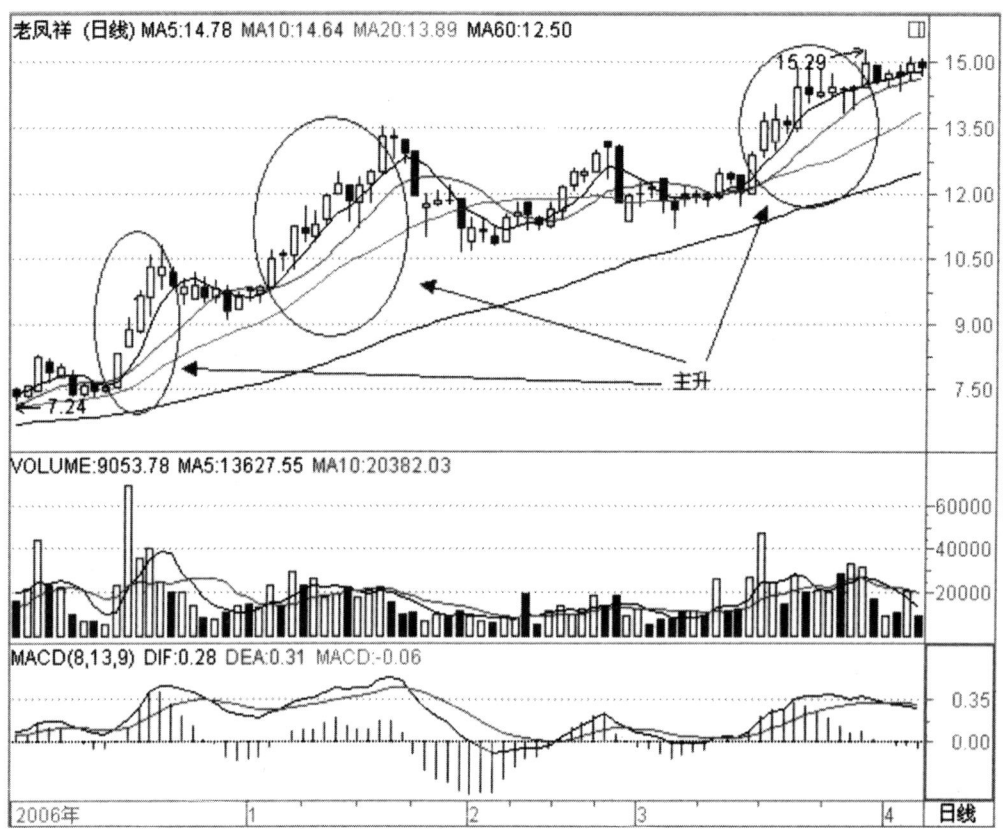

（2）盘中股价出现一波回探后，很快用大单买盘拉起，基本运行在前一日收盘价上方，当日完成震仓洗盘。

（3）收盘，股价往往以最高点或次高点收盘，上涨势头十分强劲。

在拉升阶段中，庄家经常在中高价区连拉中、大阳线，阳线多于或长于阴线出现，日K线连续飘红收阳，且经常跳空高开形成上攻跳空缺口，且短期不予回补。股价拉升时，K线组合与均线系统呈现典型的多头排列。

根据K线理论分析，这阶段常见的K线组合形态有：大阳线、红三兵、上升三步曲、飞鸽归巢、锤头、身怀六甲、跳空缺口、"一"形、"T"形等。

如上图，600612在2006年12月的主升浪中K线特征表现为涨停封盘、跳空高开，不回补跳空缺口，几个交易日内连拉中、大阳线，日K线连续飘红收阳，股价节节拔高，强势形态一览无余。

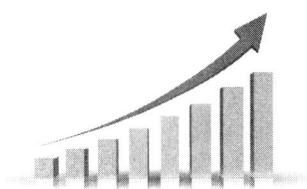

第68招　把握拉升分时走势图特征

拉升时的盘口现象：

（1）在当日上攻时经常在买档和卖档位置上同时挂出大单子，成交量大幅放大，把买卖价位不断上推。个别股在分时曲线图上经常沿45度角的斜率上推。

（2）从分时走势看，在开盘后不久或收市前几分钟最易出现拉升现象。若在开盘后30分钟内即拉升至涨停，有利于庄家以较少的资金达到拉升的目的，如果离底部区域不远，一旦庄家拉升封涨停，会吸引场外短线资金介入，降低庄家拉升成本。这主要是因为中小散户在刚刚开盘时（和收盘前）并不知道自己所持的股票会上涨以及上涨多少，所以此时挂出的卖单减少。庄家在这两个时刻只需运用很少的资金就可将散户的抛单统统吃掉，从而轻易达到拉升效果。但在尾市时拉升经常有刻意成分，其目的主要是为了显示庄家的实力，吸引散户注意和跟风，或者是为了做K线（骗线）图和构筑（维系）良好的技术形态。

（3）实力强大的庄家在买档位置堆放巨大买单托盘，封死股价下跌空间，逼迫散户去帮助冲锋，要想买进只能在庄家前边排队，而庄家又会将买单再度提前，每一买价相差只有一两分。此时如果在底部股价刚启动上涨，可以追击介入。但有时是为了吸引场外跟风或减少抛压，有多头陷阱嫌疑，手法较陈旧。

（4）庄家在卖档位置上始终挂着巨大卖单，显示抛压似乎很沉重，但是股价却不明显下跌，从成交明细上看，大笔的直接卖出成交（内盘成交）并不多见，显示出并没有多少主动性砸盘的筹码，而且盘中成交又非常活跃。这时候就有问题了，大笔的卖单不可能是散户所挂，而作为庄家挂出的卖单只是出现在盘面上又不肯主动卖出去成交，股价也不下跌，这往往是别有用心的表现，这种情况下如果这只个股在底部的累计涨幅并不大的话，很可能是面临拉升的前兆。在盘中挂出大笔卖单的做法只不过是虚晃一枪，投资者盘面当中发现了这样的个股须仔细观察委托盘的变化情况，如果发现突然有大笔买单向上吃进或者盘面上的大笔压单突然被撤的话，则是短线介入的好时机。

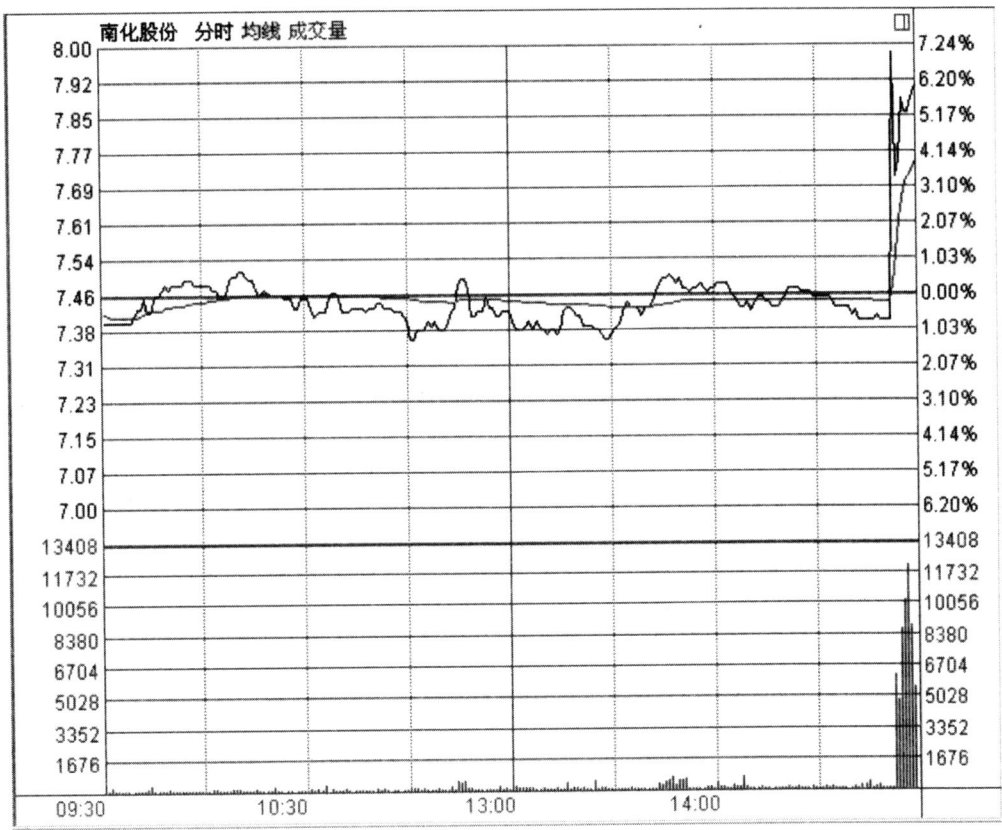

如上图，600301在2009年8月14日收盘前10分钟，庄家一改当天疲弱走势，放量上攻，将股价垂直拉高约7%，这是因为在这尾盘时刻只需运用很少的资金就可将散户的抛单统统吃掉，从而轻易达到拉升目的，能有效节省庄家成本。但在尾市时拉升一般带有显示成分，目的多为吸引散户注意和跟风。这种盘口现象应当警惕。

第69招　把握拉升指标特征

拉升时的指标特征：

（1）均线。在拉升过程中，均线呈典型的多头排列，5日、10日均线上升角度陡峭，收盘价维持在5日均线之上是大牛股的基本走势，即使偶然在某一天收盘跌破5日均线，也会在10日均线处得到强大支持，并很快重返5日均线之上。5日、10日、30日、60日均线以多头排列的方式托着股价以流线型向上延

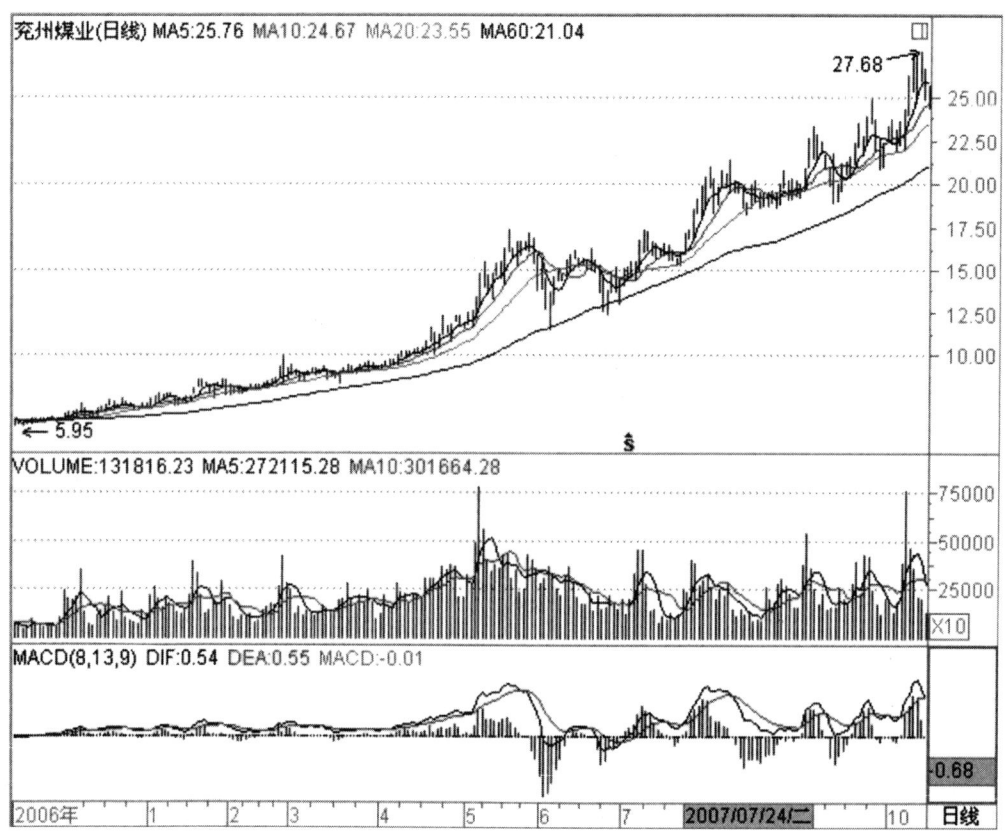

伸。该阶段行情是最具有爆发力的主升段，获利快速，行情诱人，升幅可观，是投资者孜孜以求的目标。

（2）指标。MACD、DMl、RSI、OBV、BRAR、CR、VR、PSY、KDJ、W%R等主要技术指标处于明显的强势区，有些指标甚至在股价连续的大幅拉升下，在高位形成钝化。BIAS、36BIAS指标值增大，6日BIAS的值达到5%以上，12日BIAS的值达到10%以上，72日BIAS的值达到25%以上。

（3）成交量。持续稳步放大，呈现涨时放量、跌时缩量的特点，价量配合良好。

如上图，600188在2007年的牛市行情中，5日、10日、30日、60日均线以多头排列的方式托着股价平缓向上延伸，股价基本围绕5日均线上行，上涨放量，下跌缩量，价量配合理想，是一段典型的主升浪行情。

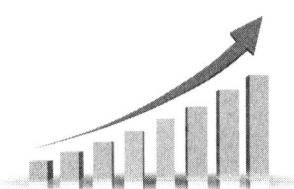

第70招　把握拉升波浪特征

拉升阶段在波浪理论中，多出现在上升波浪中第3浪或第5浪之中。

第3浪是具有爆发力的上升浪，通常以延伸形式出现。其运行的时间和上升的幅度也是推动浪中最长的，其上升幅度是第1浪的1.618倍或2.618倍。第3浪中，成交量大增，沉寂底部的各种图表纷纷被突破，并以跳空的形式上升，投资大众失去的信心又重新找回。股市基本面各种利好不断、人气沸腾，外围资金在赚钱效应下不断加入股市并推动股价上升。

第5浪为继续上升的升浪。通常力度较弱，升幅小于第3浪，若第1、第3浪已升幅可观，第5浪很可能走出失败的形态，即其顶点不能超越第3浪的顶端。如果第1、第3浪升幅较少，第5浪也可能成为主升浪，其走势与通常理论中的第3浪相同。不管第5浪为主升浪、失败浪或一般升浪，人气都达到鼎盛，乐观情绪覆盖整个市场，只有少数先知先觉者于此离场。

第5浪通常与第1浪等长或上升目标是第1浪至第3浪升幅的0.618倍。若第5浪以倾斜三角形出现，则后市会急转直下，快速下跌至倾斜三角形的起点；若第5浪高点达不到第3浪高点，则形成双头形态。

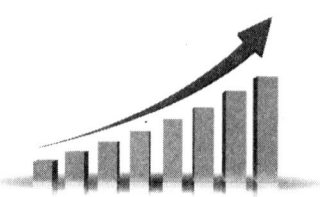

第71招 把握拉升直线形态特征

拉升阶段的技术形态比较简单，常见的形态有直线形。

在拉升阶段，经常出现直线式拉升，这种形态在日K线和分时图上均能见到。在日K线中，庄家进入拉升角色后，连续以大阳线或"一""T"形出现，在日K线上呈现直线上升。在分时图中，股价呈直线上升，角度大于60度，有时股价在昨日收盘价附近甚至处于跌盘中，一口气把股价拉到涨停板位置。这两种走势形态，在大牛市中经常见到，在消息平静的情况下，某股第一次出现这种情况时可大胆跟进。

如下图，600562在2009年4月连续涨停行情第一日，股价在分时走势图中几乎以80度角上升，开盘后极短时间内封住涨停，其后的多个交易日内连续一字涨停，所以说，在股价第一次出现这种情况时是大胆跟进的机会。

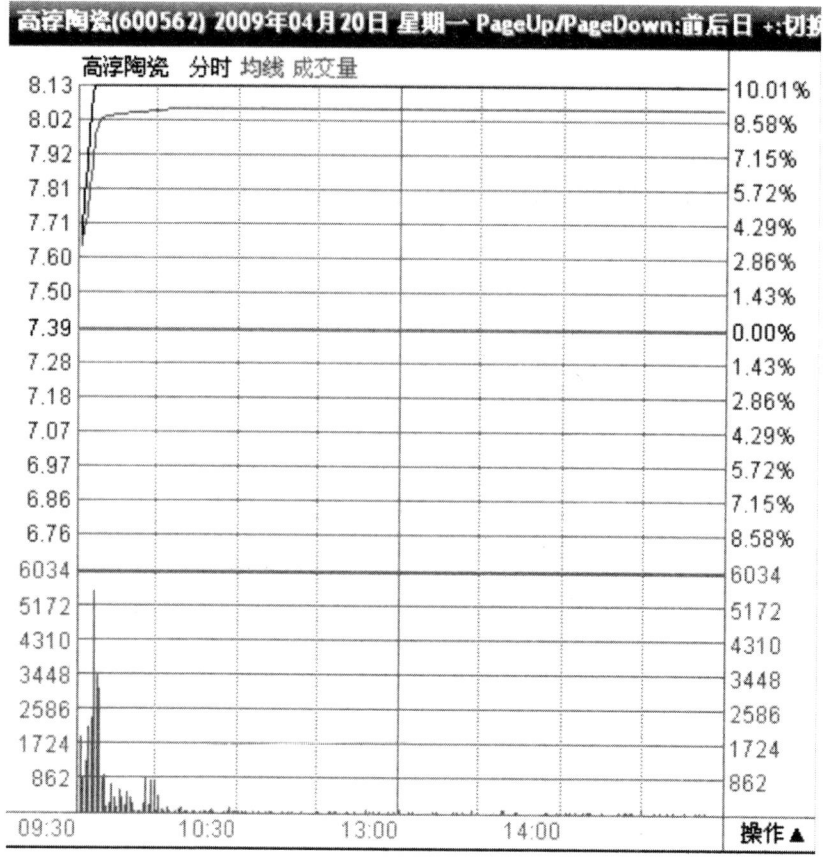

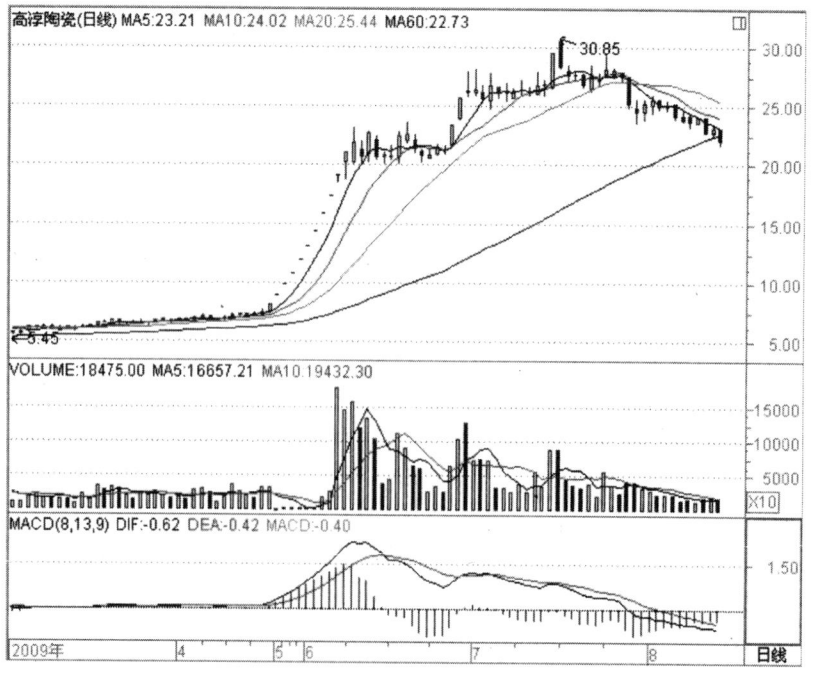

第72招　把握拉升价量关系特征

拉升时的价量关系特征有以下几种：

（1）价涨量增。股价上升而成交量比平时增加，为买盘积极的表现。一般而言，反映市场投资者买卖情绪高涨，属典型升市现象。若股价在升势初段或中段时间，出现价涨量增，反映庄家及散户竞相追涨吸纳，构成足够的上升动力，预示后市继续上升机会很大。

在涨势中，如果尾盘出现价增量增，是人气看多的征兆，也叫做尾盘抢盘。若5日BIAS小于+5时，投资者可大胆追涨，次日仍会高走。即便是5日BIAS大于+8时，这种盘面次日也会高开上冲，短线也有机会。

在上升盘局的后期，如果尾盘出现价增量增，大盘在尾盘突然发动攻势，此时若盘整时间不小于上升过程的时期，并且调整的深度未破25日均线时，是调整结束的迹象可进场。若调整时间大于上升时间，并且调整的深度过深时，这种抢尾盘多为庄家诱多表现，次日应清仓，这种走势多伴有顶部出现。

（2）价涨量平。股价上涨，成交量却与前几日差不多，反映庄家筹码锁定性好，上档压力轻，后市看高一线。如果价涨量平的现象是因为涨停板，股民无机会买货所致，翌日应该仍有高位可见，持股者不应急于出货。

如果在尾盘出现价增量平，这种现象对次日发展趋势有两种情况，若均线系统在形成多头排列初期，价增量平属于惜售现象，是买盘远大于卖盘的表现，可积极介入，一旦失去当日买入机会，可在次日介入，但不宜追涨。这主要是前日在尾盘拉升，成交量不能有效放大的条件下，次日多会出现高开上冲后再回调的走势，因此，在这种情况下可在回调中大胆介入。若均线系统形成多头排列末期，即周KDJ进入超买区，特别J值超出100时，尾盘出现价增量平纯属涨势高潮散民惜售,庄家借机拉高出货现象,此时,不可追进,也不必杀出,这种情况次日通常也会有高开冲高的过程,在此过程中派发手中的筹码。在上升趋势的中途盘局中,尾盘价增量平多为指数股所为,次日走势仍会牛皮盘整,不宜进出。

(3)价涨量缩。股价上升但成交量未能配合上升,反而减少,量价出现背离,此情况如出现在升势末期,表明后续能量不足,应谨慎持股。若价涨量缩的出现是因为涨停板所致,则升势仍可延续。

(4)价跌量平。股价下跌而成交量与平时相等,反映当时的升势并未出现重大变化,预料仍将沿原有趋势运作。换句话说,在上升趋势中,价跌量平只反映有部分散户沽货套利,主要大户仍未大幅抛售股票,只要跌幅不致太深,其升势仍可继续下去。

(5)尾盘急跌量大。这种情况称尾盘跳水,此种情况如果是发生在涨幅过大,即5日BIAS大于+8以上时,并且全天呈现一路下跌时的尾盘。应坚决离场,切忌摊薄操作及抢反弹,此种尾盘次日多为跳低开盘,并有可能形成顶部。若5日BIAS小于+3,并且全天盘面涨势较强,价量配合良好,仅在尾盘一刻钟出现急跌,往往是庄家进行尾盘洗盘动作,不宜贸然杀出,应耐心持股,次日再定进出,次日在没有利空的条件下,仍会高开高走。

在上升中途盘局中,尾盘出现价跌量增,不易贸然抢进,次日多为平低开盘居多,是耐不住久盘的投资者出局的一种盘面表现。如果,该种盘面发生在10日均线处,或者跌破10日均线,且30日均线与10日均线相近时,当日的盘面有可能是上升盘局中的下跌转折点,投资者可弃股观望。若该走势虽然跌破10日均线或发生在10日均线处,而30日均线仍以原上升的角度上升时,此时,投资者可不出局,等待30日均线处的盘面表现再决定如何操作。

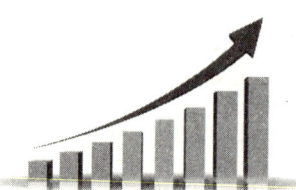

第73招　把握拉升速度特征

拉升时的速度特征有以下几种：

（1）拉升速度快，具有爆发性。个股在启动初期经常出现连续轧空的走势，同时随着行情的展开，成交量连续放大。对这类庄家而言，时间比资金更重要，而且闪电式的突击本性已经根深蒂固了，连续轧空就是这种操作行为的最好写照。因此庄家的拉升一般都是十分迅速的，因为毕竟适合于拉升的良机不多，庄家必须及时把握住这些时机，快速拉高，这样才能达到事半功倍的效果。同时，快速拉升产生的暴利效应，能够更好地起到诱惑的作用。

（2）短线庄家的拉升，最关键的就是借势。借大市反弹之势、借大市上升之势、借利好消息之势、借形态突破之势。借势拉高往往是一鼓作气的。短庄的拉高手法比较简单，以快、狠为主，有时快到让想追入的投资者不得不一次又一次地撤单将价位拉高。一般来说，短庄的拉高多出现在尾市，因为如果过早地拉升，极有可能面临着抛压砸盘的风险，而在尾市拉升，往往可以将投资者杀个措手不及，想买的买不着，想卖的又舍不得卖。个别凶狠的庄家，甚至将股价在大单封至涨停，让投资者只能望单兴叹。

（3）对倒拉抬。一边在上方堆积筹码，一边从下方不停往上拉升股价，促使股价快速上涨。对倒与对敲不同，对倒时可能大幅拉升股价，而对敲可能不拉升股价。另外，对敲的性质重股价的成交量，而对倒的性质在偏重成交量的同时偏重股价的涨势。

（4）个股行情一旦启动，其走势相对独立，上涨速度明显快于大盘或板块，而且多发生在大市比较乐观时。因为，此时大市表现出明显的多头特征，使股价的上升有很好的市场人气作为基础，可以使个股走出明显强于大盘的走势。很少选择大盘不明朗的时候发动进攻，但是如果发现个股在此时发动攻势，则一般隐藏有相应的题材或有可能是庄家在拉高建仓，未来的空间极其巨大。

（5）当庄家企图大幅拉抬股价的时候，将通过媒介或股评放出题材，散布种种朦胧利多消息，并联系大户助庄，同时制造大成交量和大手笔成交（也可制造异动，如一笔特高或特低的成交），以降低抛压和吸引买气，从而加速股价的上涨。

（6）这一阶段中后期的典型特征是，股价上涨幅度越来越大，角度越来越陡，速度越来越快，成交量愈放愈大。但涨幅大、角度陡、速度快、成交量大的股票，持续时间较短，股民应随时做好出局的准备。若成交量呈递减状态，那么，这类股票要么在高位横盘慢慢出货，要么利用除权使股价绝对值下降，再拉高或横盘出货。

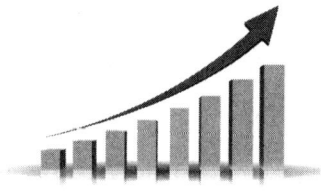

第74招　把握拉升涨停板盘口特征

封住涨停板早，在封涨停板后抛盘立刻减少，成交量极度萎缩，且有巨大买单封住涨停板的股票具备延续上升的能力，可继续持有。相反，那些封涨停板较晚，封涨停板后又被巨大抛单打开的股票，其延续上升的能力则较弱。

对于连续封涨停板的股票，不仅要看封涨停板的早晚，封单的数量，更重要的是观察成交量的变化。只要成交量保持在一个相对萎缩状况，就可继续持有。因为在封涨停板的情况下，每一笔成交的手数均可视为空方的打压，多方在买一处巨大封单将所有的抛盘统吃。成交量的萎缩说明空方无力攻破多方的防线，多方占据了绝对优势，这样的股票就可继续持有。

随着涨停板次数的增加，股价大幅飙升获利盘越来越多，为空方积蓄了足够的做空能量。此时成交量若放大说明获利盘已涌出，空方对多方开始攻击，在盘面上表现为每一笔成交的手数较前突然增加且连续出现，买一处巨大封单快速减少，甚至将涨停板打开导致股价向下急挫。此时多方也会顽强抵抗放出巨大买单将股价重新拉回涨停板。若一天中涨停板几次被打开，同时伴随着成交量的不断放大，说明多方上攻之势已到强弩之末，应及时抛出持股获利了结。

对于涨停的股票不仅要判断其是否具备持续上升的能力，还要判断庄家的意图。如开盘不久就封住涨停，涨停后成交量急剧缩小，每笔成交手数仅几十手，在买一处有巨量封盘，看似一切正常。但在买二处也挂有大买单却耐人寻味。如果这只股票真的被市场看好，投资者追涨买进决不会为了"省"一分钱而在买一巨单之后去排队。那么买二处的买单就可能是庄家故意堆放的，其目的就是显示该股大受市场追捧的"火暴"场面，以吸引投资者跟风买进。这时，庄家在涨停板的位置采用不断撤下先前打入的买单，让出机会给排在后面追涨散户的买单,将股票卖给散户,同时(几乎在同一时间内)再重新输入买单以维持巨大的封盘量,继续吸引散户跟进。在价格一致时间优先的交易原则下,源源不断地将股票卖出。由此可判断该股强劲上涨趋势是虚假的,庄家要出货。

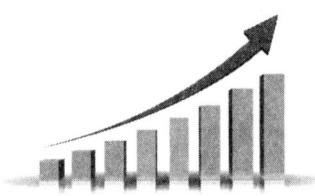

第75招　分析缩量和放量涨停

封死涨停板分为：缩量涨停和放量涨停两种。

1. 缩量涨停

股价的运动从盘中解释，即买卖力量的对比，如果预期较高，没有多空分歧，则形成无量空涨。缩量涨停有时说明市场抛压较轻或已控盘庄家拉抬轻松，有时也有股民看好后市而惜售的成分，往往容易形成连续涨停。但是如果是被爆炒过的大牛股，一旦进入下降通道，上方远离套牢密集区，下方远离庄家成本密集区，缩量涨停多为出货的中继形态，第二天大多低开低走，投资者要小心持股。

2. 放量涨停

尤其在前期小头部处的放量涨停，一方面说明庄家做多意愿坚决，并不惜解放所有的套牢盘以示其志在高远；另一方面也显示了庄家雄厚的资金量和强大的实力。只要未远离庄家成本密集区放量涨停往往会形成一波大行情。但比前一类可能上涨幅度要稍逊一筹，因为有一部分看空的抛出，但看多的更多，始终买盘庞大，拒绝开板。其原因：一是庄家有超凡实力；二是阶段性板块热炒；三是个股潜在重大利好；四是庄家融资期限较短，需速战速决。

无论是缩量涨停还是放量涨停，在其涨停后不出现大抛单就是好品种！只有在突破成交密集区和前期头部回抽（洗盘兼测支撑强度）确认时，一定要求缩量。尤其创新高后缩量说明满盘获利无抛压，洗不掉的是庄家筹码，为高控盘庄股。一个从未涨停过的股票很难想象能走多高。

如下图，600590在2009年1月6日和5月25日都拉出涨停板，所不同的是两个涨停板所处的价位和成交量均有很大差异。2009年1月6日的涨停板股价报收于6.03元，换手率为4.22%，5月25日的涨停板股价报收于14.18元，换手率为12.51%。综合几个月的走势图能看出，1月6日的涨停位启动行情，而5月25日的涨停板为出货行情。

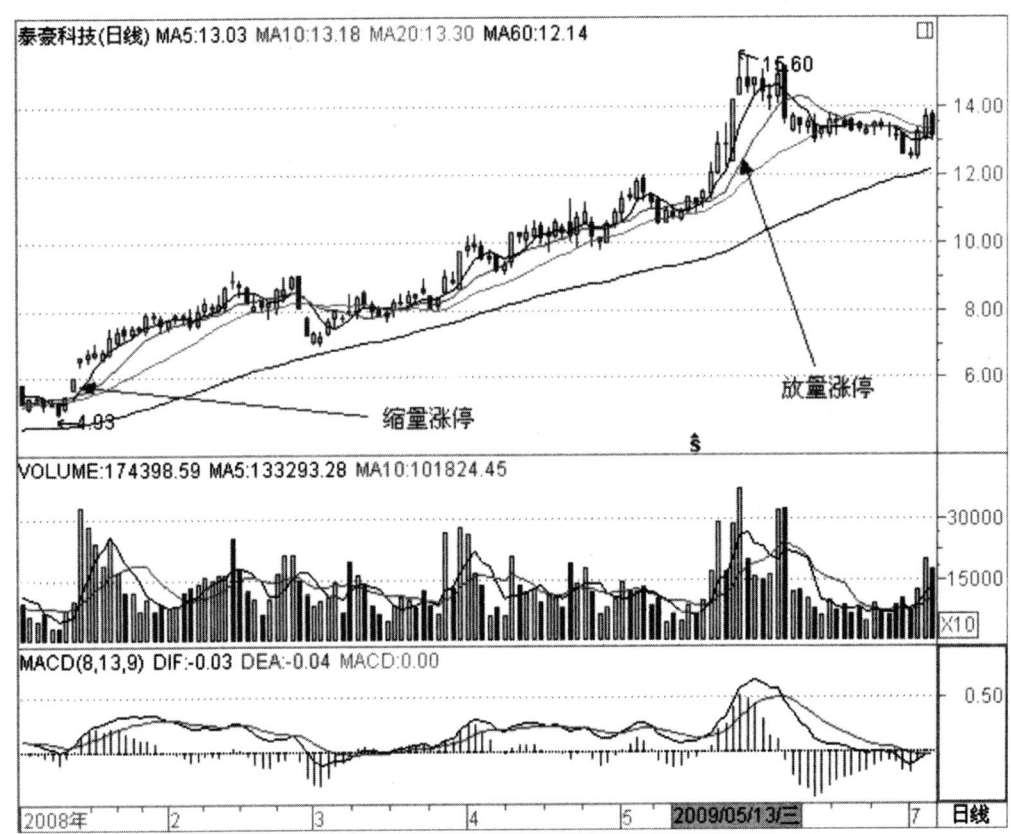

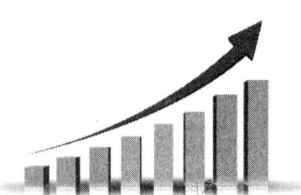

第76招　分析打开涨停板

打开涨停板分为：吃货型、洗盘型和出货型三种。作为股票投资者，应清醒地认识到涨停板打开的类型，从而进行适当的操作，获取短线的利润。

1. 吃货型

多数股价处于近日无多大涨幅的低位，大势较好。低迷市、盘整市则无需在此高位吃货，特点是刚封板时可能有大买单挂在买一等处，是庄家自己的，然后大单砸下，反正是对倒，肥水不流外人田，造成恐慌，诱人出货，庄家在吸货之后小手笔挂在买盘，反复震荡，有封不住的感觉。

2. 洗盘型

股价处于中位，有了一定的上涨幅度，为了提高市场成本，有时也为了高抛低吸，赚取差价，也会将自己的大买单砸漏或直接砸"非盘"（不是庄家自己的货），反复震荡，大势冷暖无所谓。

3. 出货型

股价已高，大势冷暖无所谓，因为越冷，越能吸引全场注意。此时买盘中就不能挂太多自己的了，因为是真出货。比如，挂在买一已有100万股，散户想买1万股，则排在101万股，当成交总数达到101万股时，散户才买进。但如果那100万股挂的买单有假，庄家撤掉90万股，那么总手在11万股时，散户就买进了。

需要注意的是：不要认为封涨停的庄家都是实力强大的，有时仅四两拨千斤而已，一天某股成交了200万股，并封涨停，可能庄家仅动用了20万股，甚至10万股。直拉升8、9个点，而未触及涨停，尤其是早盘开盘不久，庄家在吸引注意力跟风盘之后掉头向下，往往是诱多，应快跑。今天封死在涨停，第二天低开，还是出货，因为今天进去的，明日低开没获利，不情愿出，庄家要出在你前头，而今天没追进的，第二天以为捡了便宜，跟风盘较多。不光是涨停板，有些尾市打高的，也是为第二天低开便于出货。

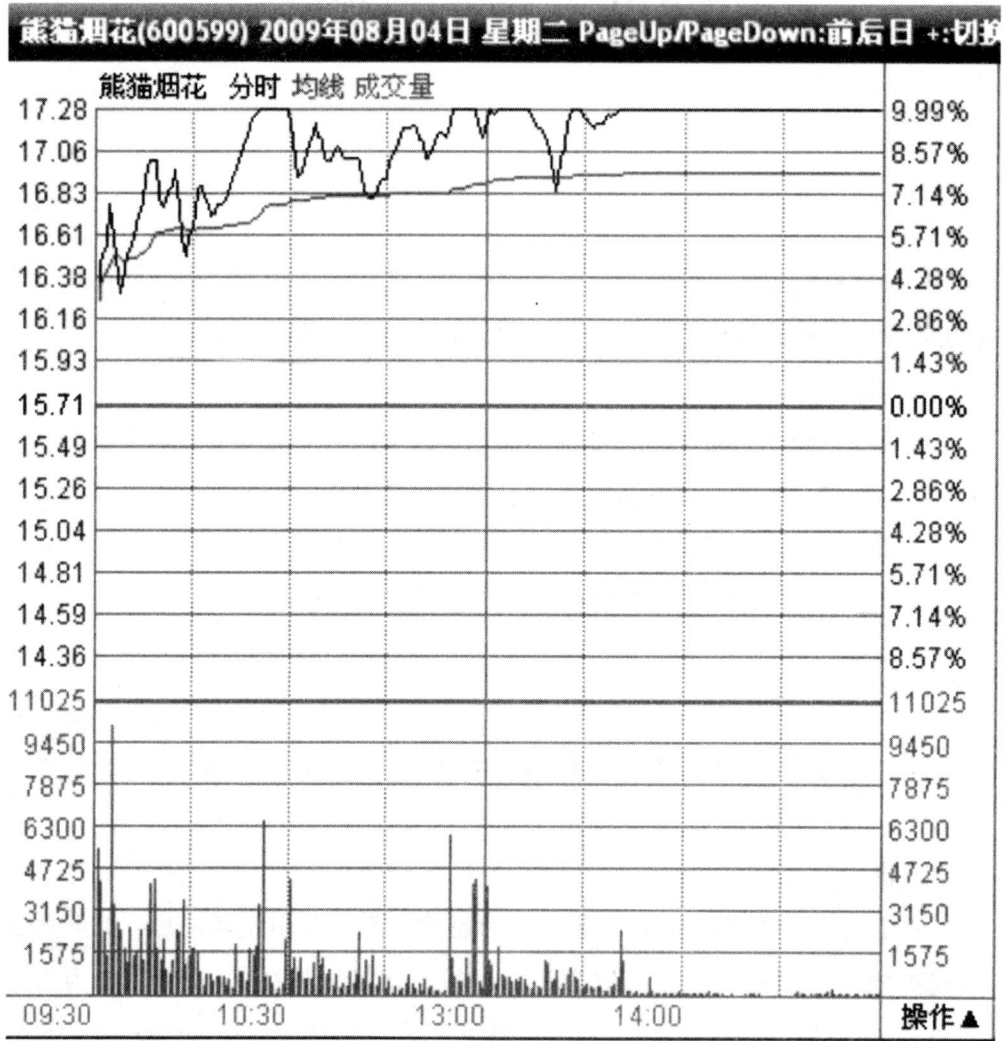

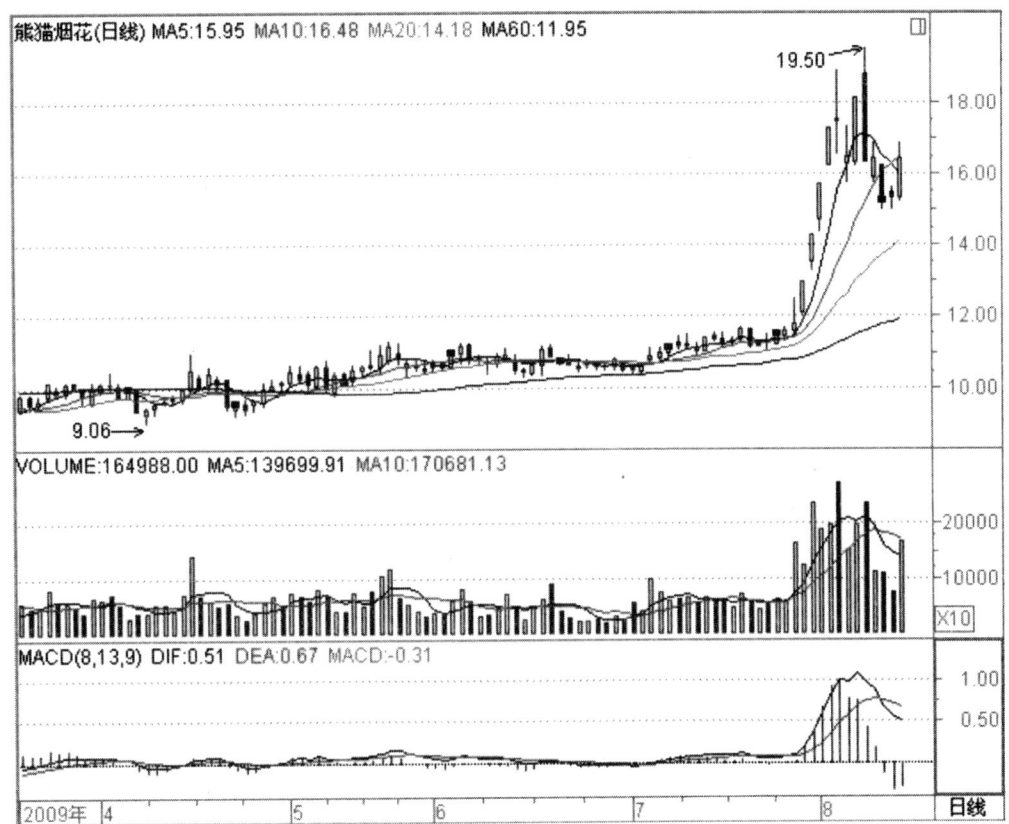

如上图，600599在2009年8月4日拉出连续涨停后的第4个涨停板，随着涨停板次数的增加，股价大幅飙升获利盘越来越多，为空方积蓄了足够的反击做空能量。当天在盘面上拉升至涨停十分勉强，且时常有大单将涨停板打开导致股价向下急挫，这表明多方已是强弩之末，主力拉出这种类型的涨停板属于出货行情，短线交易者必须及时出局。

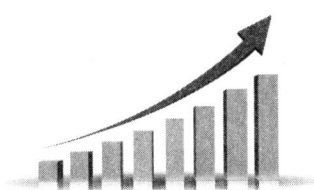

第77招 涨停又开板如何应对

利用涨停板进行交易,并不是只追逐涨停板本身,而是要把握涨停板后续的市场机会。如果短线交易者能够明白这一点,就知道即使是涨停板的地方一样也有机会。

通常而言,市场上会有两种涨停板:一种是开盘就涨停,短线交易者在开盘时没有介入机会;另一种是开盘后才封住涨停板的,就是前面所说的"拉高型涨停"。很显然,开盘即涨停的股票最有后续上涨的势头,但遗憾的是,因为不容易买到,很多短线交易者早早就放弃了对它们的跟踪,而把眼睛盯在那些市场跟风型的或散户抬高型的品种上,其结果自然不尽如人意。

但也有很多股票在涨停后一度打开涨停板的,这种现象常常令持股者惶恐不已,也令追买者犹豫不已。一般而言,主力看好的股票都会用大单封死涨停板,杜绝散户介入,但是为什么会有涨停板打开的现象呢?它究竟是机会还是陷阱?

这需要根据行情阶段来判断。通常情况下,个股强势涨停后再度打开涨停板,会有以下三种含义。

1. 涨停吸筹

在时间不够或者主力急于启动行情的情况下,部分主力往往会通过涨停板来吸收筹码。涨停板的出现,会极大地刺激已有的持股者,使其密切注意该股状况,一旦发现涨停封不主了,很多短线交易者就会迫不及待地抛出筹码,防止变盘。于是主力就可以利用这种心理和现象来收集筹码。如果该主力是超级短庄,那么只要当日抛盘不大,该股就有可能在第二日高开高走,完成主力快速出货的意图;如果当日抛盘过大,超过了超级短庄的预期,则该股有可能在第二日低开低走，但主力会立即斩仓出局；如果该主力是一般的短庄，则个股后期往往会出现几天的整理过程，以洗出当日的跟风者后再次上涨。一般而言，如果当日打开涨停板的次数不超过2次，并且再次封停板的时间短、封单大，那么次日的行情依然可以期待。否则，会消耗主力大量的资金，同时导致大量的散户跟风，且弱化强庄股的形象。

2. 强势洗盘

有些主力的控盘筹码已经比较多了，在强势拉升的前期，也往往会通过打开涨停板洗去意志不坚定的短线交易者，使其与新介入者交换筹码；对于超级短线的主力而言，这种情况也时有发生，因其没有多余的时间实施整理的过程；而对于处在第二个涨停板甚至第三个涨停板的个股而言，主力则更有可能通过该手段将前期的跟风获利盘清理出局。随着获利了结、落袋为安的短线交易者的出局，更多的新进者开始涌入，使个股在不断打开涨停板的同时也出现了巨大的成交量。这种洗盘的另一个优点是可以有效降低短线交易者对次日强势延续的预期，从而阻止已有散户的继续跟风行为。当然，当日新进的跟风数量只有主力知道，但这个数据将影响个股第二天的走势。一般而言，如果当日打开涨停板的次数不超过2次，并且再次封停的时间短、封单大，那么次日的行情依然可以期待。

3. 主力减仓

主力要减仓或出货，必须挑选交易火爆的日子才好进行，而涨停板日无疑是交易最活跃也最易吸引人气的时候。通过不断地打开涨停板，主力可以不断地进行减仓；而后又通过不断地封住涨停板，主力又可以继续吸引贪婪的短线交易者跟进。如果主力的筹码在当日无法出完，而后续大盘走势尚佳，则主力最后还是会封死涨停板，制造明日继续高涨的迹象，同时在明日继续震荡减仓，直至所有仓位全部被清理完毕；但如果主力急于出货，那么在大盘不理想的时候，则有可能上演"高台跳水"的现象，致使股价从+10%跌至-10%，同时第二天封死跌停板，将高位的散户远远抛在上面，为自己独家在股价中部出货制造便利。主力减仓通常发生在获利丰厚的时候，或者是对大盘后期走势担忧的时候，或者是自身资金吃紧的时候，这是短线交易者避免进入陷阱前需要考虑的问题。

在实际交易中，短线交易者要注意三个问题：

（1）如果是值得期待的涨停板，那么打开涨停板的次数不会超过2次，缺口也不会太深，时间也不会太长，因为市场一致看多的力量会导致涨停板再次被快速封死。

（2）如果是虚假的涨停板，即使有巨大的封停量，也会在某一大盘不济的时刻突然撤单，或者被更大的抛盘吞没，导致涨停板被迅速打开。所以，不要以为封停量大就高枕无忧。

（3）涨停板被打开的次数过多，通常是行情趋弱的征兆，或者是主力吸筹或整理的表现，至少不会是主力想快速拉升的迹象。所以，对于这样的涨停板，如果介入了要及时出局。

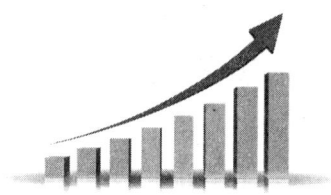

第78招　关注涨停板的机会和风险

涨停板交易是最为重要的短线交易方式，是无数短线主力和短线交易者的必争之地。在诸多的股票交易书籍中，涨停板交易就是短线交易的代名词。所以，这里就涨停板交易作重点阐述，以使短线交易者理解短线交易的内涵和实质，以及主要的操作方式和获利方式。

涨／跌停板是沪深证券交易所规定的、股价在一个交易日中相对前一交易日收盘价的最大涨／跌幅度。具体规定：普通股票的涨／跌幅为10%，ST类股票的涨／跌幅为5%，新股上市首日涨／跌幅不受限制。涨／跌停板制度原是管理层为抑制过度交易和暴涨、暴跌而设置的，但现在却被主力操纵，以制造"短缺效应"或"恐慌效应"，达到影响股价走势的目的。涨／跌停板的本质是多、空双方争斗白热化的表现，具有很强的助涨、助跌作用。在涨／跌停板表现出极端行情时，容易聚集市场人气，造就"强者恒强、弱者恒弱"的市场现象。

由于涨／跌停板特定的市场内涵和交易特性，使得涨／跌停板成为了主力控盘的有力武器。从建仓、拉升、洗盘和出货，几乎每一个坐庄环节都可以通过涨／跌停板来实现主力操纵市场的目的。但对于短线交易而言，涨／跌停板却具有无法抗拒的市场魅力，只有它才能在最短的时间内实现利润的最大化。自从中国股市实行涨／跌停板制度以来，几乎每一只股票都有过涨／跌停板的市场表现。即使是在股票跌停数量达到1 000家以上、上涨数量不到20只股票之时，涨停板个股依然存在。这说明涨／跌停板的市场机会无所不在，为短线交易者提供了大量的参考资料和相应的规律。

但是短线交易者要注意，涨／跌停板是一个特定的市场现象，其本身是趋势发展变化的必然结果，是市场历史趋势的延续，切不可仅仅以实时盘中涨／

跌停板状态来孤立地看待涨/跌停板现象，也不可以涨/跌停板的市场结果来求证其发生的原因。

涨停板交易的机会有很多，但总体来说，主要表现为两个方面：

（1）从市场机会来说：

①在牛市中，涨停板的机会比较多。

②在熊市末端出现超低反弹时，涨停板的机会比较多。

③当板块集体走强时，涨停板的机会比较多。

④当某一具有重大影响的新概念刚开始出现时，涨停板的机会比较多。

（2）从个股阶段来说：

①趋势启动时有涨停板机会。

当个股经过长期整理后从底部突然展现拉升行情时，或者启动超跌反弹行情时，涨停板的机会比较多。但这种机会通常难以及时把握，而一旦能把握住，往往具有较好的收益。

②趋势进行中有涨停板机会。

当个股处于主升浪阶段时，涨停板的机会比较多，短线的收益比较大。一些超级强势股则更是会出现连续涨停的壮观景象，此阶段是涨停板操作的最佳时机。

③趋势末端也有涨停板机会。

趋势末端个股的表现不尽相同，有些个股在趋势的末端会做减速运行，有些个股却上演毁灭之前的最后疯狂。但总体来说，趋势末端的涨停板机会比较少，并且风险很大。

涨停板交易的风险主要体现在三个方面：

（1）即使是在行情启动初期买入，也有可能是买在了主力的试盘阶段，第二天很可能会被拖入继续调整的阶段，迫使亏损出局。

（2）即使是买在了行情的拉升阶段，也不一定就会立刻暴涨，后期个股可能会边洗边拉，缓步走高，而短线资金则必须接受资金使用效率低下的现实。

（3）如果不幸买在了行情趋势的末端，或错把末端趋势当作中部趋势来进行交易，有可能当日即亏损20%，而次日可能根本无法出局，甚至3天亏损30%以上。

第79招 如何抓住拉高型涨停

在熊市或震荡市中，市场往往失去了方向感，但率先涨停的股票却可以明确告诉我们主流资金的最新动态和炒作方向。在大盘大幅下跌或横盘震荡期间，某些个股既然敢率先启动，则往往意味着主力资金有备而来，并且实力强大；主力既然选择了某种股票作为领涨品种，也就预示这类股票可能成为短期内的市场炒作热点，同时具有巨大的上涨空间。因此，追击涨停板，追击强势股，就成为了短线交易者的主要工作。

但短线交易的买点在哪里呢？从理论上说，短线交易的买点基本上有两种：一种是在开盘的一字型涨停处挂单买入，但买进股票的可能性很小；另一种是在拉高型涨停的股票中进行选择，在个股高开后拉阳线的过程中买入，这个买入的时间段比较长。

拉高型涨停股票的特征是：股票低开、平开或高开后，经主力拉升一度封到涨停板。尽管它们涨停的方式不尽相同，但基本上也只有两种表现方式：斜推式涨停和平台整理式涨停，其他样式都是由这两种方式演变的。

总体来说，拉高型涨停虽然属于强势的上涨行情，但是各个涨停的目的和意义是不一样的。对于拉高型涨停股票的操作总结如下：

（1）密切关注高开2%以上的个股。个股高开，很可能是想开盘就缩短同涨停板的差距，方便后期快速奔向涨停板；也是给抛盘者一个信号，提示其不要过早卖出，配合主力轻松拉升；也是给市场跟风者一个信号，拉动其一起奔向涨停。

（2）密切关注高开2%以上的个股。要快速浏览其K线图、均线图、成交量、买卖挂盘、流通盘、市盈率、首笔成交数据、板块性质、信息雷达等信息，同时迅速分析出股价的高、中、低位置，以及主力的意图和介入的报酬／风险比，判断哪一个最有可能迅速涨停并值得参与。

（3）不是什么拉高型涨停板都有机会介入的，几笔单子就使个股开盘涨停的情况防不胜防。出现这种情况后，短线交易者要调整心态，安心捕捉第二个涨停板。通常一只股票率先涨停后，马上就会有第二只涨停的股票出现。

（4）越早封住的涨停板越有力度。此类继续涨停的可能性很大，是主力准备好资金后精心策划的结果。但是介入难度也最大，要求短线交易者在熟悉该股的基础上做到手疾眼快，拉大委买差价。

（5）10时之后个股趋势会逐渐明朗，如果股价此时距涨停板还有5%的差距，即使是大角度的冲向涨停板，但只要有停歇，就往往会被抛盘压回来，除非几分钟内直接封到涨停板。

（6）对于10时之后出现的台阶式上涨行情，只要不是距离涨停板很近，就可以耐心等待，一直要等到出现爆发性的成交量并且股价开始创新高时才可进入，三个条件缺一不可。即：高涨幅+大角度+大成交量。但10时之后的个股涨跌，往往要看大盘和板块的"脸色"。

（7）当个股前期的平台整理得较为理想而又距离涨停板只有5%以内的空间时，在14：30之前都可以密切关注。这段时间内该股很可能冲涨停板，即使这是短线者抢盘的行为也不可怕。

（8）对于进行了平台整理之后冲击涨停板的个股，如果刚冲到涨停板处又马上滑下来了，要么是主力在出货，要么是卖压确实很大，多数情况下，该股后期难有很好的表现。如果是主力用涨停板吸筹，那么往往是先封住涨停板一段时间，而后再打开涨停板以制造恐慌情绪。

（9）对于斜推式涨停，如果不是距离涨停板很近的时候，是不会快速涨停的，这是主力强势吸筹的表现。虽然进入的机会有很多，但后续主力可能会反手洗盘，把当日跟风者洗出来。

（10）越晚封住的涨停板越没有价值，多数是市场跟风行为或是短线抢盘行为。如果主力见跟风势头好，愿意继续拉升，那么还可以做一段行情；如果不是，那么散户抬散户是没多大价值的。

（11）14：30之后的急涨行情不要轻易跟风，除非大盘在后半场出现了突发性的重大利好消息。如果是在这种情况下介入的话，第二日通常会有更多的后知后觉者来抬庄。

（12）对于9：40之前的快速拉升行情，少数是主力有备而来的结果，大部分则是主力试盘和诱多减仓的结果。主力有备而来，自然资金充裕，能成功封住涨停；但试盘的则一旦见势不好就会撒手走人；而诱多减仓的则更是直接滑落，快速下跌。10~11点是多数主力见大势而动的时间段，有经验、有魄力的主力往往在此间快速展开攻势，将大盘带到较为稳定的环境，此时追涨的风险较小，但必须能准确判断大盘走势将继续偏好。

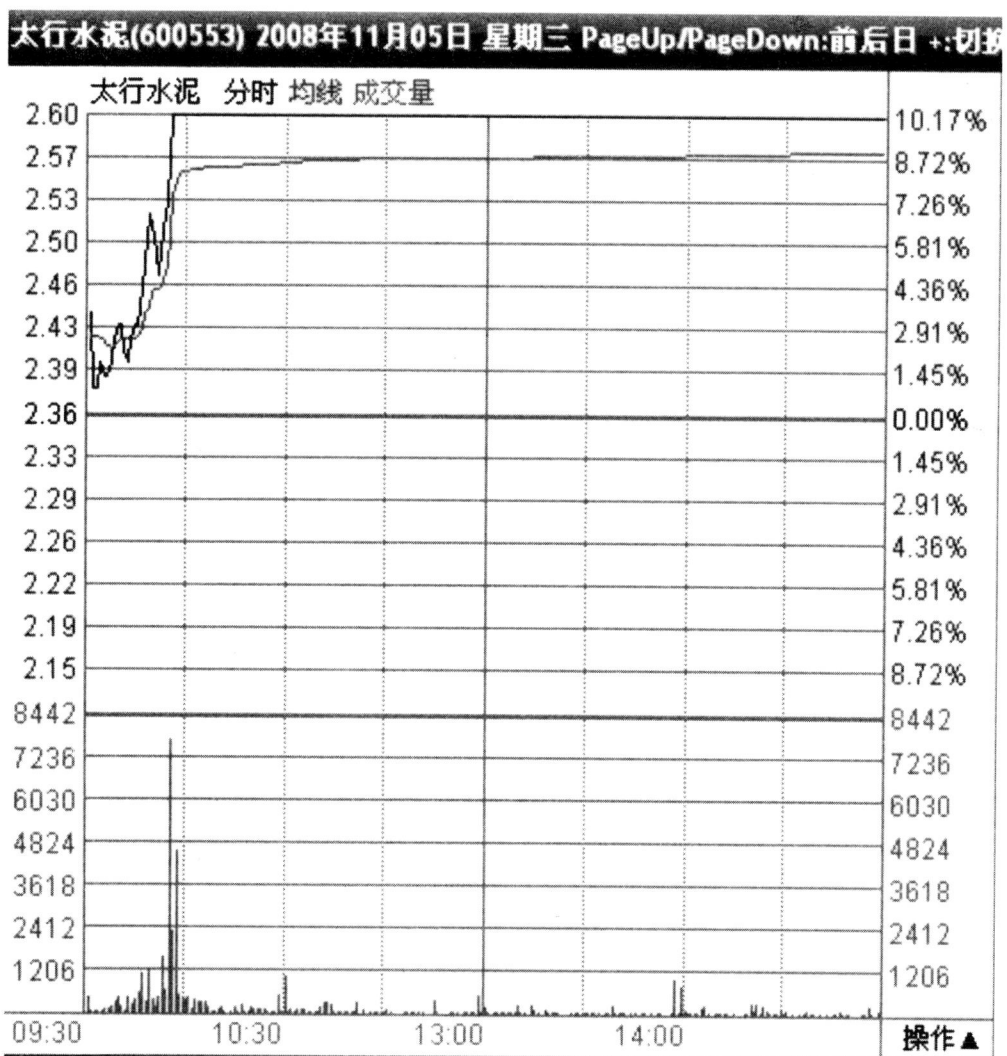

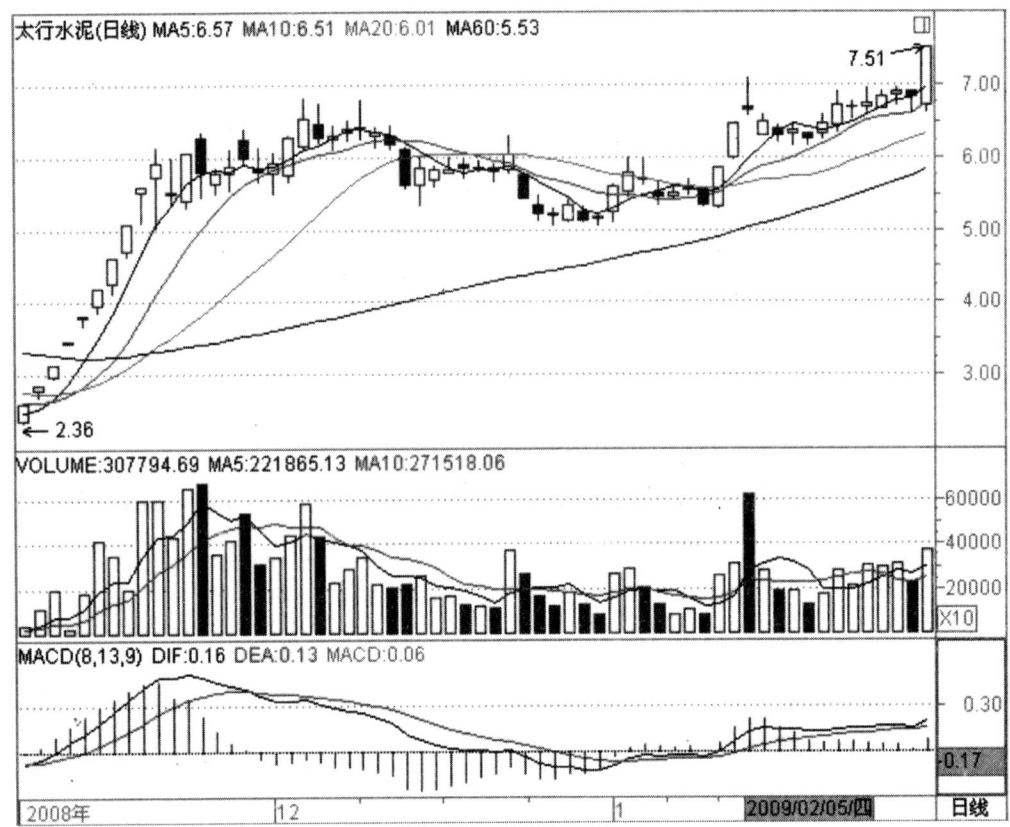

注意，这里只列举了涨停成功的走势图，没有列举涨停失败的案列。这需要读者按照同样的思路自己去翻阅诸多个股走势图，获取更多的经验。但基本上来说，个股涨停失败要么是大盘不配合或板块不吸引人的原因，要么是主力诱多的手段或是主力试盘的结果，跟股价的高低位置密不可分。

如上图，600553在2008年11月连续涨停行情第一日，该股高开3%后略作下探后强力拉起，股价在分时走势图中几乎以70度角上升，开盘后半小时内封住涨停，说明主力有备而来，其后的多个交易日内连续一字涨停，在这个案例中，要抓住拉高型涨停，就必须在股价未封住第一个涨停板时果断跟进。

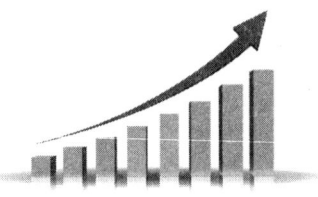

出货行情早逃顶

第80招　分析出货见顶征兆

当股价持续上升一段时间后，进入一个疯狂期，市场上的获利筹码越来越多，获利回吐性的抛盘会不断增加，就会遇到相反的力量，物极必反，股价回落，这时就形成头部。但在顶部形成之前，这种回吐所造成的股价回档的幅度是有限的。

在一个升势中，成交量的逐渐增长是很重要的，一旦成交量跟不上去则越来越多的获利盘就会被抛出，于是造成股价的回档整理，当这种回档在一定限度之内时，投资大众的心态仍能保持"逢低吸纳"的状态。如果股价出现较大的跌幅，就会唤醒一部分投资者的风险意识，使之产生获利平仓、落袋为安的想法，而这种想法又势必导致股价的进一步受压，从而唤醒更多的投资者，如此循环大众心态得以转变，大市即会见顶。

因此，时刻保持清醒，冷静地看待股价的波动，有助于及时看到即将见顶的征兆，从而避开风险，保住盈利。

根据操盘经验，升势即将见顶时的市场有以下特征。

1. 脱离价值

股价涨幅过大，个股股价翻倍，甚至达到十几倍、几十倍，价格明显脱离其内在价值，未来价值被严重透支，到了度的上极限区，有强烈的价值回归之势。成交量明显放大，甚至出现天量，但有个别个股成交量开始出现萎缩现象。有了这些现象，说明离头部不会太远了，散户的炒作思路应以出货和减仓为主。

2. K线大阴

在升势之中，市场上人气很旺，大家都不惜追高买入，一旦股价有回落稍显便宜，理所当然地会被抢购的入市者承接住。因此，升势在延续过程当中一般不会出现大的阴线，如果有一日K线图上出现较大的阴线，说明市场上的人心有变，买与卖的力量正在形成新的对比。所以，大阴线的出现预示着市场已好景不长了。

3. 震幅加大

股价大幅上下震荡，在升势顶部多空双方的正规力量相遇的区域里，看多者买入勇气未减，看空者忙于大量出货。因此必然造成股价上下剧烈波动，并且这种波动的高点和低点都不断降低，这种状态制造了许多很好的短线机会。但是，由于是在顶部区域，这类短线的风险性也应当重视。

4. 击穿支撑

重大支持位被打穿。一般来说，这里指的重大支持位是总升幅回落3.82%处的价位，只要这个重要位置被击穿，甚至只要日K线的下影线穿过此位，就足以说明市场上投资大众的信心已被动摇。因此，在大升、特升之后，只要股价有力量向下穿透支撑位，往往意味着走势已经出现问题了。

5. 目标达到

目标达到就是股价达到了坐庄目标价位，这一点应该属于庄家坐庄的商业秘密，一般投资者不可能知道，但投资者可以根据股价涨幅进行大致推断。简单地说，当我们买进一只股票后，用几种不同的分析测算方法获得的都是某一个点位的时候，那么在这个点位上就是目标价位。故当股价接近或超过所预测的目标位置时，就是庄家可能出货的时候了。

6. 该涨不涨

在技术面、基本面都向好的情况下，股价却不涨，这就是出货的前兆。而且，不管在什么情况下，只要是放量不涨，就基本可确认是庄家准备出货。但是，有时成交量减少也是股价近顶的明显表现，不过升势中的第二浪及第四浪调整也会出现成交量的大幅减小。因此，成交量下降不是判断顶部形成的绝对依据，还要结合其他因素综合分析。

7. 消息增多

正道的消息增多，报刊、电视、广播和互联网上的消息多了，这时候就要准备出货。上涨过程中，媒体上一般见不到多少消息，但是如果正面的宣传开始增加,说明庄家已经萌生退意,要出货了。大多数股票的上涨是悄无声息的,让投资者莫名其妙,可是股价高高在上时却利好频传,比如重大资产重组或置换、优良的分配方案、业绩大幅增长或向高科技转型等闪亮登场。为什么呢?目的只有一个,配合庄家出货赚钱。此外,市场舆论出现较严重的分歧也是出货的市场征兆。市场舆论是投资者信心的反映,如果在对市场的信心上产生严重分歧,升势很难长时间维持下去。因此,舆论的严重分歧也是大市处于顶部区域的一大特征。

在实战中,如果有了这些征兆,一旦出现了股价跌破关键价位的,不管成交量是不是放大,都应该考虑出货。因为对很多庄家来说,出货的早期是不需要成交量的。

如下图,600469在2007年9月6日股价放巨量向上突破,理论上应有一段上涨行情出现。结果不涨,第二天股价从高位下来,随后果然连续暴跌。这就是形态上要求上涨,结果不涨,这些都是出货的前兆。

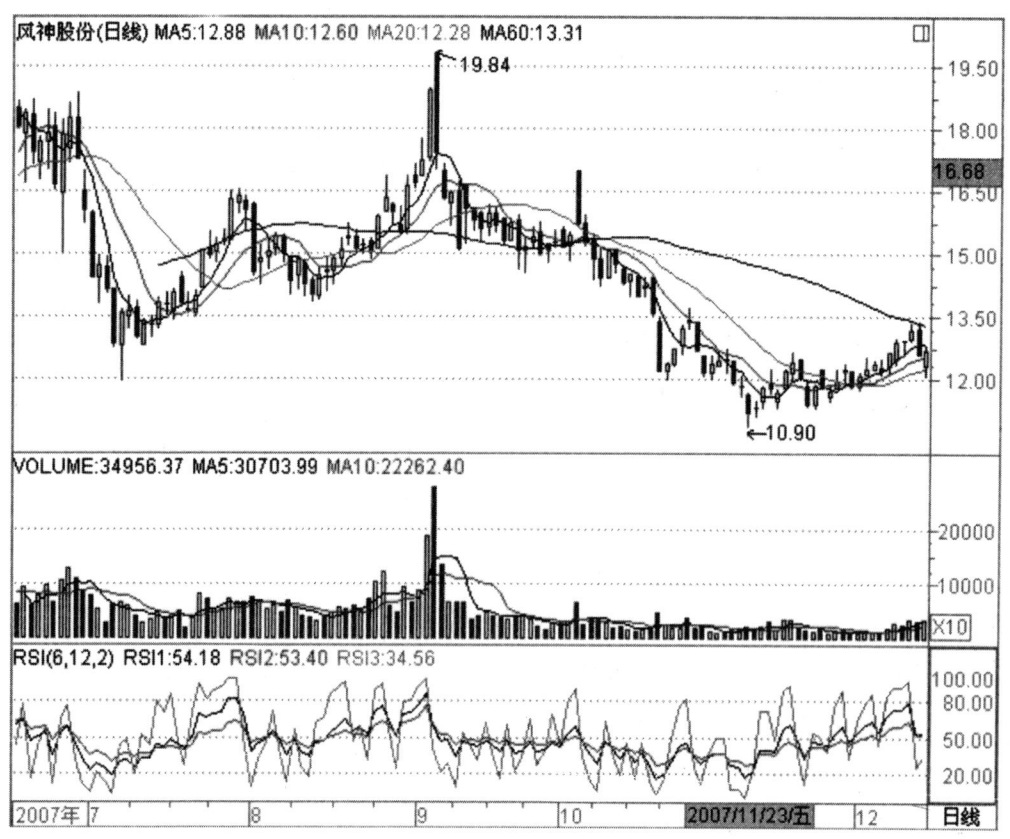

第81招　分析主力高位派发手段

高价位区域是庄家最理想的派发区，庄家将股价炒高后，极力营造乐观气氛，激发市场人气，趁着散户买盘的积极涌入，庄家不断地在暗中出货，使股价出现回落走势。然后，庄家停止沽售，反手做多，创造强势反弹行情，设计美丽的技术陷阱，市场仍维持十分乐观，诱导买盘介入，庄家从而可以在更高的价位继续进行派发。这时成交量大增，将大部分筹码在这一区域集中进行套

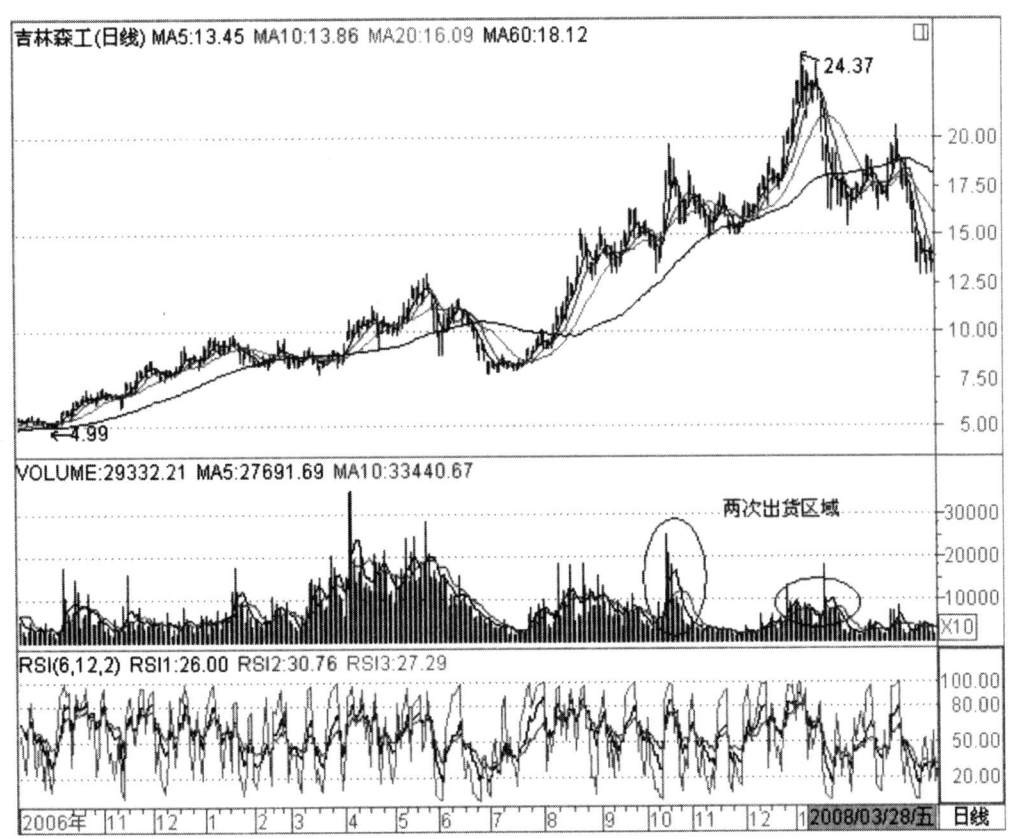

现，交投十分活跃，形成成交密集区，并创下近期甚至是历史天量。当庄家基本完成派发任务后，股价步入下跌不归路，在日K线图上形成双顶形态。

庄家坐庄意图：由于股价的大幅上涨，散户沉浸在获利的喜悦之中，这时庄家悄然出货，使股价滞涨回落。当股价回落到一定位置时，庄家发现有不少买盘介入，就将股价重新拉起。这时散户发现股价再次拉升，而纷纷介入做多，由于买盘不断增加，盘面十分活跃，庄家的筹码就可以在高位得到兑现。

如上图，600189股价经过大幅炒高后，人气完全被激活，庄家获利极其丰厚，这时庄家在高位放量出货，股价出现回落。不久，庄家又将股价迅速拉起并创出新高，随着跟风盘介入的增多，庄家借机在高位顺利出货。

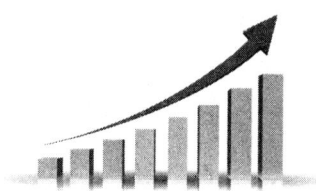

第82招　分析主力中位派发手段

中位派发阶段可以分为：峰前派发和峰后派发两种。

1. 峰前派发

庄家在拉升过程中，股价尚未见顶时就边拉边派。庄家比散户有优势得多，能体会到盘面的许多情况，当感觉到股价继续上行压力加重时，就随时进行派发，减轻仓位；或者股价将要达到目标价位时，就提前实施派发计划。因此，在技术上制造许多假象，如向上突破、放量阳线、黄金交叉等，股价并没有出现持续性上涨，只是保持盘面活跃和维持市场气氛而已。

由于庄家手中筹码相对比较集中，无法保证可以在高位全部派光，或者是由于市场不稳定的因素较多，使庄家有时无法完成预定的目标，因而庄家预先就在拉升过程中逐步减仓，以便在突发因素来袭时可以尽快将仓尾货尽数抛光，降低坐庄风险。

2. 峰后派发

庄家经过高位派发之后，手中仍有不少筹码，此时股价已下跌了一个或几个台阶，这时庄家会再度将形态做好，吸引在高位介入的投资者进行回补及场外资金入场。在技术上稳住重要的技术关口，一方面停止抛售；另一方面积极护盘，让投资者感到股价已经止跌，同时做出一些典型的箱形、圆弧形走势，误导投资者以为股价结束调整，即将展开又一轮升势，从而盲目杀入，使庄家的派发活动得以继续进行。

股价经过前面的大幅拉升，吸引了不少的跟风盘，市场人气较高，盘面较活跃。这时庄家停止拉升股价，悄悄向外出货，使股价出现回落。由于庄家掌握了大量的筹码，还没有全部派光，因此封堵股价大幅下跌，将股价维持在高位走势，构筑新的技术图形。许多散户以为技术形态完好而继续持股不动，或继续买进做多。庄家在散户不知不觉中，基本完成出货任务后，就放任股价下跌，使股价出现熊市走势。

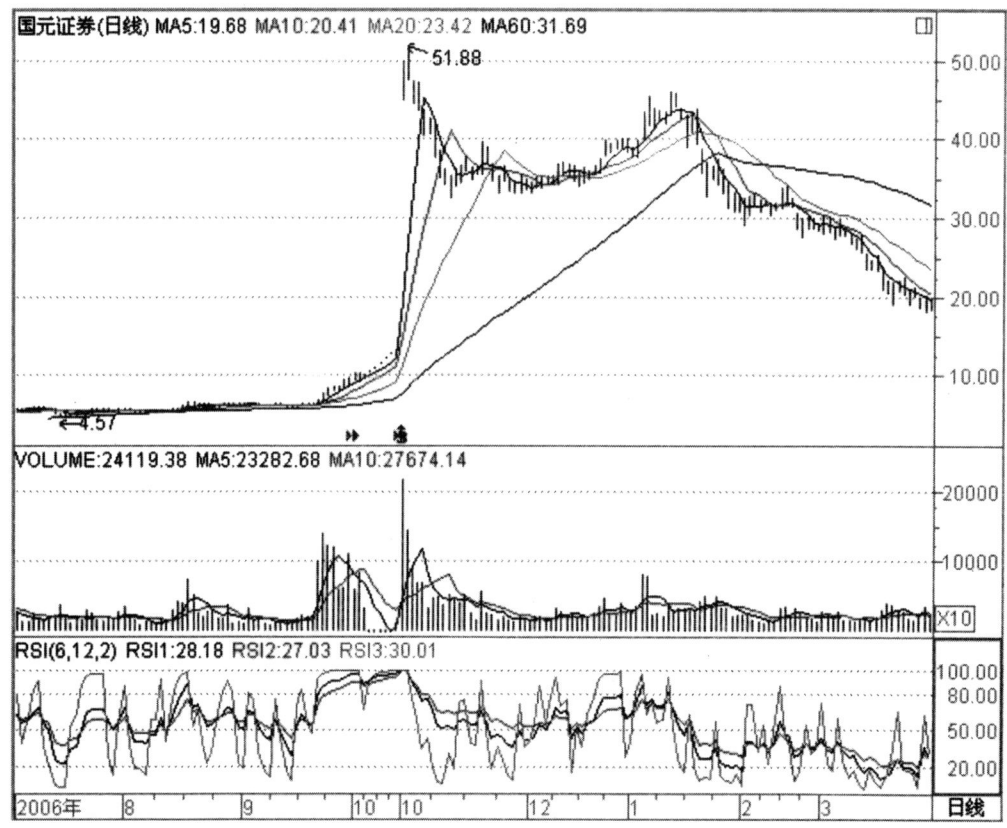

如上图，000728股价炒高后见顶回落，然后维持横盘走势，在技术上制造蓄势待发的假象，让散户积极介入，只要有接盘庄家就给货。当出货接近尾声时，便放弃护盘，甚至刻意向下砸盘，把散户套牢于高位之上。

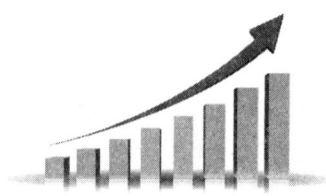

第83招　分析主力低位派发手段

如果庄家手中的筹码非常集中，在进行了高位和中位两个阶段的派发之后，手中仍有一小部分筹码，这时由于庄家的预定目标已基本完成，获利非常丰厚，常常会将最后的一些仓底货不计成本地大甩卖，以求资金的尽快套现。

从盘面上看，出货特征十分明显，以大手笔的抛单明目张胆地显现，股价下跌的幅度非常快，有时甚至以跌停板的形式大肆贱卖。有时庄家利用手中最

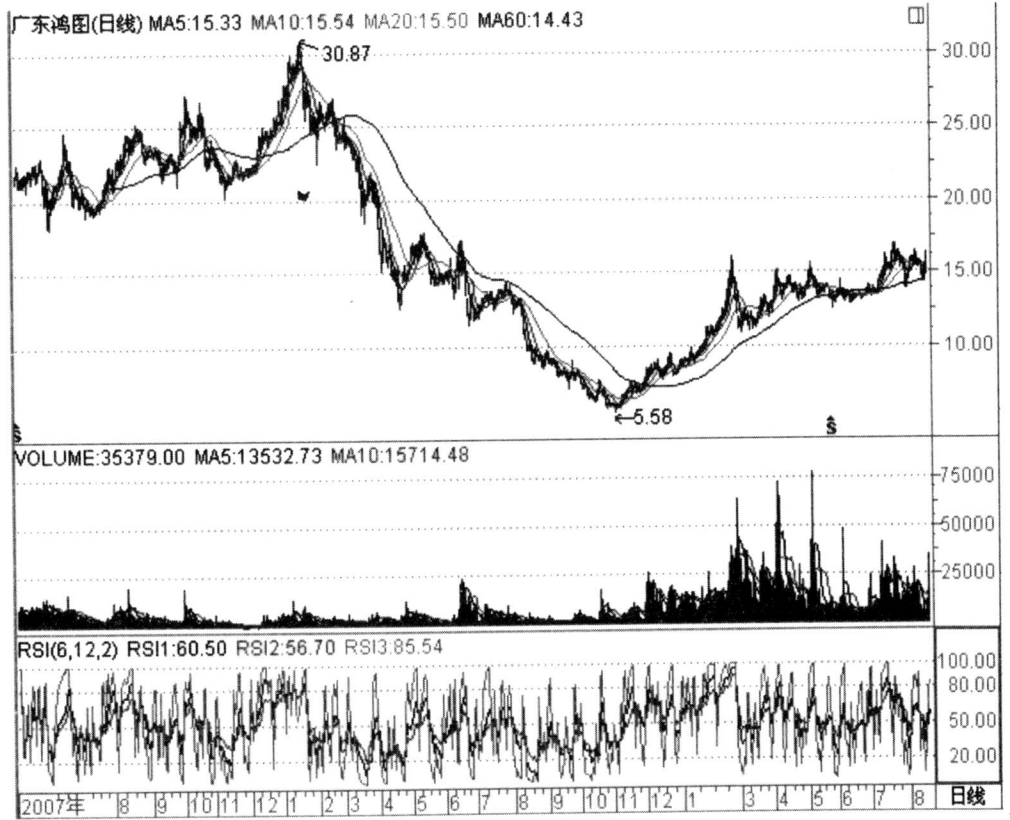

后的筹码极力压低股价，将股价打回原形，为下一次卷土重来作准备。

庄家拉高股价目的是想在高位出货，以使得利润最大化。那庄家为什么在低位派发呢？原因可能有：由于庄家实力不大，在高位难以维持股价走势，不得不将股价向下放；或者操盘手法粗鲁，在高位出货时，被散户察觉，惊动了散户，使散户先于庄家出局；或者因外部因素出现变化，导致股价下跌。需要说明的是，这里所讲的"低位"，是相对当时股价所处的位置而言，当股价真正见底后，这个位置又是中高位。

如上图，002101在顶部完成峰后派发后，历经数浪下跌，股价已经跌得面目全非，从30.87元多一路下跌至13元多，跌幅超过50%，算是够惨的了。正当散户"逢低"介入时，庄家在此依然不停地往外发货，股价再从13元多开始下跌到5元多才企稳。真可谓"股价下跌没有底"。

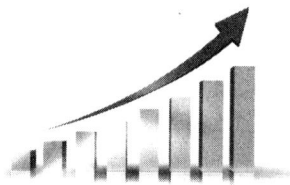

第84招 分析见顶日K线盘口特点

股价经过飙升行情后，继续上行遇到了巨大的阻力，同时也积累了丰厚的获利盘，股价就会见顶回落。常见的日K线盘口：开盘，经常以跌停板开盘，且全天封盘不动，或连续大幅跳空低开，且跳空缺口近日不予回补，交易时股价逐波走低，直冲跌停价位附近，盘中筹码松动，上行压力明显增大。盘中，股价出现一波上行后，很快就被卖盘压下，股价呈逐波下探之势，基本运行在前一日收盘价下方，股价反弹受当日均价压制明显。收盘，股价往往以最低点或次低点收盘，下跌势头十分强劲。日K线经常出现"一"形、"上"形或大阴线。庄家实力不大、控盘程度低的个股将快速脱离底部，步入下降通道；庄家实力强大、控盘程度高的个股，出现盘头走势，构成复合形头部。

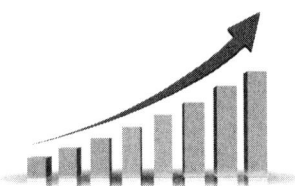

第85招　分析出货分时走势图盘口特点

出货分时走势图盘口特点：

（1）化整为零。有耐心的庄家每次只卖2 000~8 000股，根本不超过1万股，几乎所有的软件都不会把这种小成交量统计成庄家出货。

（2）多卖少买。操盘手抛出99手，同时买进1手，在显示的时候，就是成交了100手，而且是按照买入价格成交，一般软件会统计成主动买入的量。这是庄家利用红箭头、绿箭头来蒙骗投资者。

（3）大幅砸低。庄家将股价砸低到一个低点，然后在此价位出货。如目前价格是11元，有的操盘手会突然用巨量将股价砸到10元，然后股价回稳再缓升，买进的人以为拣了便宜，没有买的人以为也可以拣便宜，所以积极在10元附近挂买入盘，然后操盘手可以再次卖出大量股票。由于股价是突然下跌的，所以买进的人多，操盘手可以出的货比较多，而且实际上10元就是他预定的出货价格。

（4）先吃后吐。操盘手先把股价拉高到目标利润线以上的5%～10%，而且在高位放出大量，并显示买盘量，多数人以为庄家在买进，风险不大，所以也跟风买进。然后，庄家开始出货，股价逐渐下跌。在这里，庄家在高位买进的可能确实是实盘，但随后他可以在目标出货价附近抛出很多货，这是很划算的。

（5）跌停打开。开盘以巨量直接封于跌停板，接着庄家用巨量买入，许多人一看股价即将打开跌停板，生怕买不到股票而纷纷跟进。这种方法的辨别就是：如果不是出货，股价常会立刻复原，你根本就不可能买进来。如果你居然在跌停板附近从容买进许多，以后可能就要吃不了兜着走了。

（6）涨停出货。庄家把股价拉升到涨停板附近，然后故意在涨停板上放几十万或者上百万自己的买单，等待追涨的人挂买单，有的时候还自己吃掉一些。当盘中堆积了许多散户的买单时，庄家把自己的买单逐渐撤掉，放在最下面（按照时间优先原则，先挂上去的先成交）。然后挂出卖单，将筹码一股脑儿塞给散户，如果没卖完，为引诱散户买盘，庄家再在涨停板价位处虚挂巨额买单，这样反复操作自然可以达到高价出货的目的。所以，如果一只股票在涨停板上的成交量比较大，就是出货的迹象。因此，散户千万不要盲目地追涨杀跌，以免上当。明智的做法是仔细观察盘口、涨跌停后是否迅速关门、成交量大小、换手率高低，然后再决定操作方向。

（7）买单推进。这是一种比较常见的盘口现象，操盘手在每一个买盘价位上挂几万甚至几十万的买盘，促使股价逐步上移，总会有沉不住气的人勇敢买进，其实上面的买盘都是庄家自己的，因为持仓者都想卖最高价格，所以，你如果买进来，那就离下跌差不多了。要注意：多数人认为大单推高是庄家拉高的方式，其实这是一种出货方式。

（8）尾市拉高。在分时图上，股价前市一直走势平淡，但在临收市前半小时或者更短的时间内，突然出现一波放量的急速拉升，在K线图上出现一根放量上涨的大阳线，而此时的大盘并无明显异动迹象。但第二天该股却出现低开低走，之后一连数个交易日也是呈现出明显的走弱迹象，令人费解。那么，这种走势的盘面意义究竟何在呢？

这种走势一般出现在大盘疲软的情况下，而且是在个股图形的中部或平台附近，这时的尾市拉高带有明显的欺骗性，往往是庄家出逃的前奏，拉高的主要目的是吸引跟风盘，随后不可避免地出现连续下跌。如果这种走势出现在个股的平台整理区域，后市极有可能出现平台破位下行的走势，持股者宜迅速止损出局。如果上述情形出现在图形的高位区域，是一个极其危险的信号，表明该股已经处在头部区域。

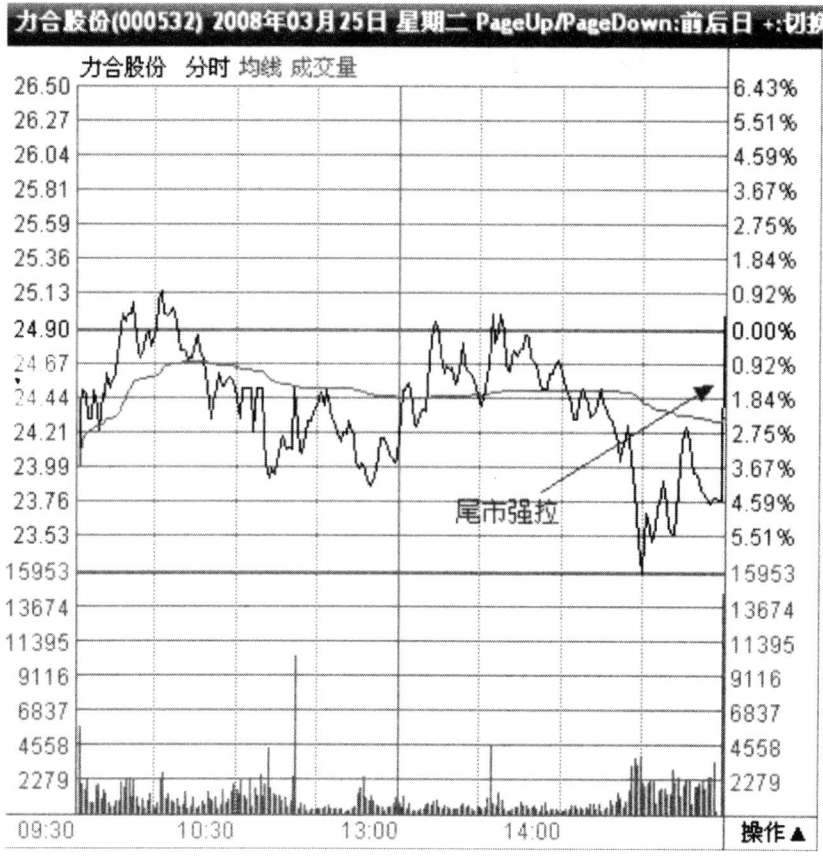

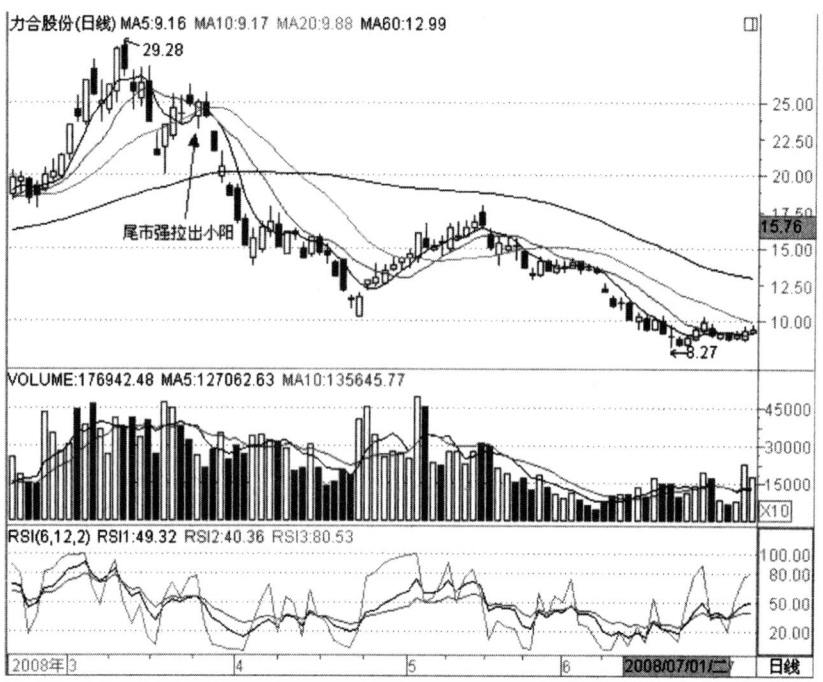

（9）买单托盘。在一些个股累计涨幅比较大的情况下，盘中的委托盘会出现另一种异常情况，开盘之后股价震荡下跌，当跌到一定幅度时在买档位置出现大笔买单，好像有庄家在吸纳，股价无法继续下跌。但在这个位置股价反弹时明显无量，而且从成交明细来看盘中主动抛盘（内盘成交）较多，而且股价重新下跌时抛盘踊跃。虽然在某一价位有强大的买盘托着，但股价总体呈下跌趋势，则很可能是庄家出货的先兆。原因很明显，如果只是护盘的话，就不应该在低位象征性地挂单，一面是买盘非常强大，一面是反弹无量，这本身就是矛盾的。所以投资者在盘中见到这种情况一定要小心为上，先出局了事。

如上图，000532在2008年3月12日摸上29元高位，其后开始出货，为了不使散户恐慌，主力在3月19日开始制造一个假反弹，假反弹行情中最后一天3月25日，主力在临近收盘最后1分钟将尾盘上拉4%，当日K线收出小阳。这种主力刻意做盘的动作暗示了出货意图。

第86招　分析见顶价量关系

尽管庄家出货手法多变,但总会在盘口出现一些现象。在价方面,股价先迅速下跌一个台阶,不给散户任何思考时间。质变之初力量较弱,常有反复。在量方面,从天量逐渐缩小,但总体规模仍是较大的。如果错过了大势提供的最佳出货时机,也会出现低量出货、自然出货,即有人买就出,能出多少是多少,在未达到出货的总量之前股价一般不会大幅下跌。如果在拉升末期见量太大,且升幅较高,也会出现出货量。量价方面要把握以下几点:

(1)价涨量增。股价经过一段长期升势后,突然爆发一轮急涨升势,成交量显著增大,然后股价又突然向下反转。表明庄家拉高股价借势大举沽货,短期慎防见顶,应考虑将获利货沽出。

如果在尾盘出现价增量增,在下跌的初期,一旦均线形成空头排列,这种价量俱增的尾盘少见,即使有也多为庄家拉高出货的行为,不宜追涨,如果这种尾盘发生在跌势末期,是反弹征兆,由于没有经过长期的横盘,这种反弹不宜看得太高。

如果在下降趋势的盘局中,尾盘出现价量俱增,要视30日均线的位置与角度,若30日均线走平,且与10日均线相距较近时,这种盘面表现多为结束调整信号,可介入,次日有望上攻均线。若30日均线尚未走平,这种尾盘可视为反弹行情,中线不宜进场。

(2)价跌量增。股价下跌而成交量增大,价量出现背离。此时有三种启示:

①若股价在跌势初段或下跌趋势中段,出现价跌量增,反映沽压沉重,后市仍看跌。

②若股价原先处于升势，突然止升下跌，而成交量有小幅度的增加，显示高位承接开始乏力，但这未构成股价立即转向的变化，故宜先行观望。

③若股价原先处于升势，突然止升下跌，且成交量大幅度增加，可视为大户出货的举动，后市看跌，持股者应趁最后机会先行沽货套利。

如果在尾盘出现价跌量增，投资者应视周RSI的位置而定，若周RSI未处低位，而跌势中尾盘出现价跌量增，仍是恐慌性抛盘，次日也必将低开盘，因此，不宜抢反弹，而应果断离场。若周RSI已进入超卖区，在尾盘无重大利空的条件下，价跌量增，有可能是庄家的诱空行为，一旦次日出现平开或高开的情况下，反弹有望展开，投资者可择机而入。

如果在下跌趋势的盘局中，尾盘出现价跌量增，该盘面如果发生在一个调整时间等于或大于下跌时的时间，要慎防诱空行为，不宜贸然杀出，应视次日的盘面变化再作抉择；若此种尾盘发生在一个调整时间小于下降时的时间，这种盘面多为弱市特征，次日继续下跌的概率极大，不宜抢进做反弹摊薄操作。

（3）价平量增。股价持平，涨跌幅很小，但成交量却突然增加。若股价上升已有一段时间，接近升势末段时，出现价平量增的现象，反映卖方为方便分批有秩序地沽货，将股价维持在稳定水平，无论如何，这都是代表沽压正增加的现象，预示股价将会有秩序地反复下跌。

（4）价涨量平。股价上涨，但成交量却与前几日差不多。如果股价原先以上涨居多，出现价涨量平，反映多空双方的力量已趋均等，多方再占不了上风，后市股价有可能会止涨下调，具转向意味。

如果在尾盘出现价增量平，这种情况多属庄家所为，无成交量的配合空头能量得不到释放，反弹必然受阻，次日很难挑战均线，一般而言，不参与这种弱反弹。

（5）价跌量平。股价下跌，而成交量与前几日差不多。在下跌趋势中，价跌量平表明有投资者分批离场的信号，下跌仍会持续下去。

如果在尾盘出现价跌量平，若均线系统刚形成空头排列初期，出现尾盘价跌量平，纯属买盘不济，投资者对后市信心不足的盘面表现，这种无量下跌不能单纯理解为惜售，反而，卖压得不到释放，会引起大跌发生。若股指出现连续下跌之后，而周KDJ进入了超卖区时，这种价跌量平多为惜售所致，此时，不宜恐慌抛出，而买入则要等待次日探底时择机而入。

（6）价平量平。股价的涨跌幅度很小，成交量与前几日差不多，反映多空双方受不明朗因素困扰，对后市走势不明，故作观望休息，一般散户在此阶段中不宜入市。

（7）价涨量缩。股价上升，但成交量未能配合上升，反而减少，量价出现背离。在升势的末段时（可以观察股价上涨的时间，股价累积升幅在50%以上等来判断），出现量价背离反映高位缺乏承接力，小心这是下跌先兆。

（8）价跌量缩。股价下跌，而成交量减少，这是大势趋弱、买盘欠积极表现，不宜在此阶段做买卖。若股价刚从高处下跌，成交量迅速减少，出现价跌量缩，反映庄家正悄悄地分批沽货。预期跌势正有秩序地展开，底部不容易得知，持股者宜沽货离场。

（9）价平量缩。股价升跌幅微小，且成交量减少。若股价涨幅已大，反映高位追货买盘不足，后市随时停止升势而转跌。

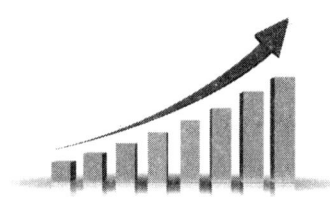

第87招　人气狂热多警惕

庄家吸货、拉升需要一定的时机和市场环境，同样，庄家出货更需要如此。庄家为了出货，必须制造一个狂热的市场气氛，才能实现派发的目的。它同样分为两种：

（1）大势火暴。此时人气聚集，交投活跃，证券交易大厅人头攒动，座无虚席，生怕买不到股票，市场出现白热化，甚至有的个股市达到疯狂境地。

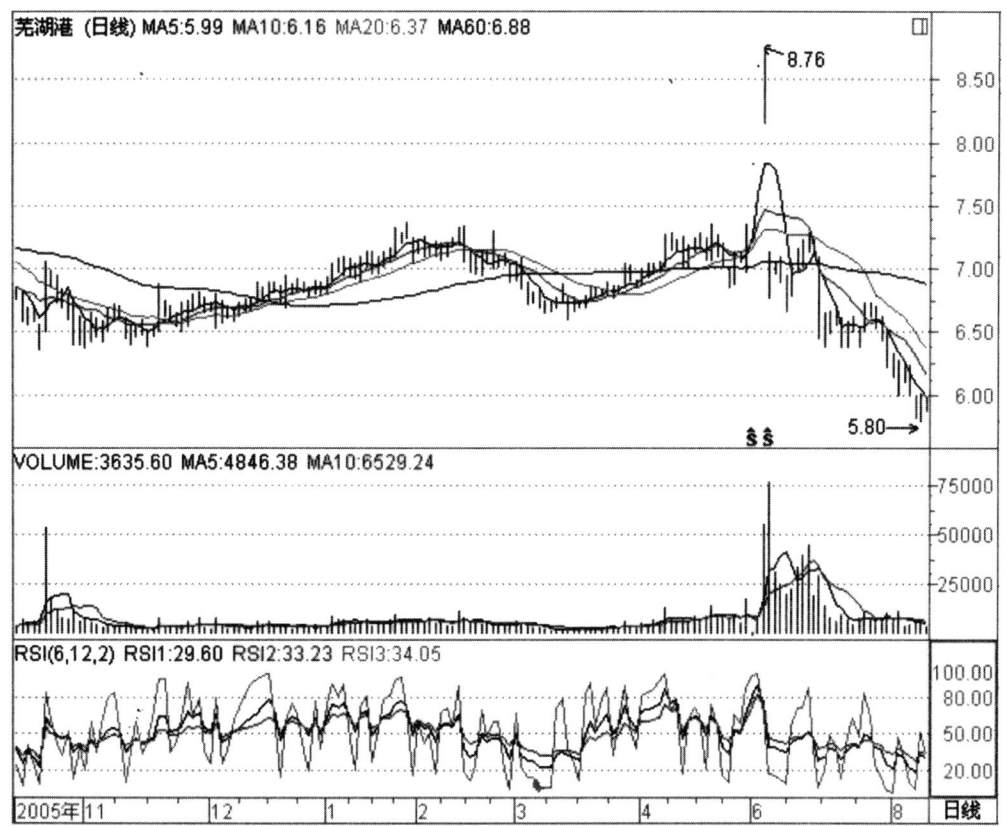

（2）个股火暴。一般表现为局部或个股行情，多属非主流板块或主流板块中的部分个股，除基本面因素外，往往有主力资金关照。

如上图，2005年下半年600575庄家在底部吸纳了大量的低价筹码后，股价一跃而起，突破了长达7个多月的横盘走势，股价节节拔高，连续涨停，与同期下跌的大盘相比，形成了鲜明的对照。由于盘势被彻底激活，顿时交投活跃起来，一时间"风光"出尽，成为两市少见的、人人关注的牛股，着实吸引不少跟庄者。然而，正当投资者狂热之际，庄家突然翻脸了。其后低开低走，连贯性冲高的动作也没有，随后几根阴线悬挂而下，弄得追随者措手不及，这便是庄家翻脸出货的经典之作。

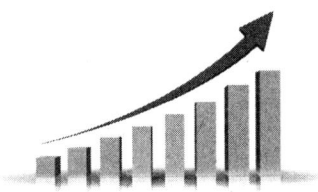

第88招　天量见天价

盘面上随着人气的狂热，出现能量剧增，这就是常说的"天量天价"。庄家只有在巨量的成交中"浑水摸鱼"，无量的下跌多属洗盘或空头陷阱。它也分为两种：

（1）单日放天量。成交量原先保持温和状态，量价配合理想，股价节节攀升，某日盘中放出巨量，量价配合失衡，第二天缩量下跌，在成交量指标中出

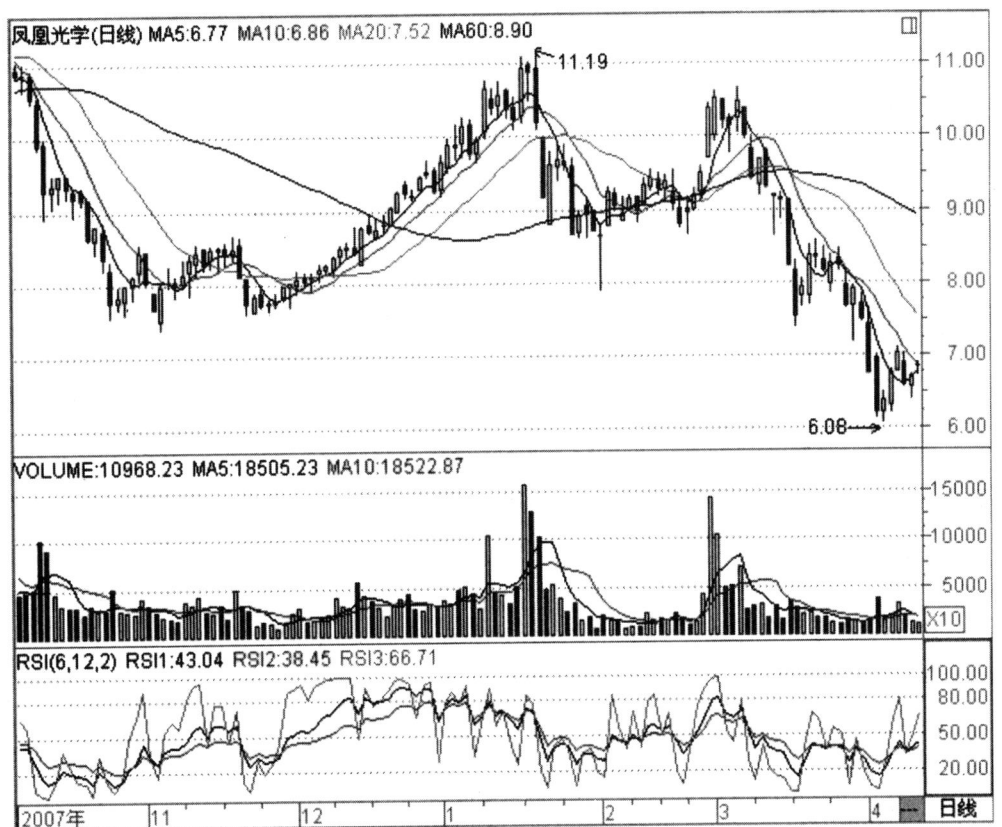

现"顶天立地"的长柱。

（2）多日放天量。股价长期运行在上升通道之中，成交量适中，量价配合理想，股价逐波上扬，气势如虹。不久，股价在高位持续多日放出天量（有时庄家为了做盘需要，也能作出量价配合的K线图形），很快股价反转向下。

如上图，600071股价从2007年9月高位下跌后，12月开始出现一波力度较大的反弹，反弹结束后在高位进行平台整理，之后股价再度上攻，成交量也比前期放大。此时，不少投资者以为主升浪行情开始了，股评家也出来煽风了，于是投资者大举介入。然而庄家却趁机出货，量价配合失衡，当日换手率达到9.36%，是前一交易日换手率的约4倍，出现"天量天价"的短期顶部。

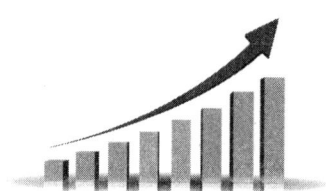

第89招　快速回落要离场

股价见顶后迅速脱离头部，形成加速下行之势，气势转弱。在实战中，有不少散户当股价在相对高位进行强势调整时不敢介入，担心股价炒高了会下跌，其实这是涨升的刚刚开始，偏偏在股价深幅回落走弱时介入，以为调整已到位，其实这是下跌途中的暂时停顿。这就是常说的"强者恒强，弱者恒弱"，涨得让你不敢相信，跌得让你无法接受。在一轮行情中，会涨的股票是不会下跌的，会跌的股票是不会上涨的，这就要求散户懂得"弃弱从强"的道理。快速脱顶也有两种现象：

（1）单日脱顶。是指股价快速上冲后，当日就翻脸向下迅速脱离顶部。常见的有两种走势：一种是股价急速上冲后快速回落，当日K线上留下长上影线；一种是高开或涨停价位开盘后，股价快速回落（此种现象多属于阶段性头部）。

（2）多日脱顶。是指股价经过多个交易日的连续上扬后，快速翻脸向下迅速脱离顶部。往后的盘面就是涨小跌多，阴长阳短，行情步入漫漫熊市之路。

如下图，在底部完成双底形态后，股价向上突破，依托均线逐波盘升而上，走势十分坚挺，每一次回调都被重新拉起，给人以坚决做多的感觉，因此吸引不少追随者。之后股价放量上摸到25元后，庄家突然反手做空，股价迅速脱离顶部区域，并以大阴小阳的方式加速下跌，不给散户任何出逃的机会。

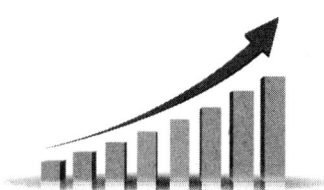

第90招　分析出货时指标特点

出货时指标特点：

（1）均线：当股价经过数浪上升，涨幅已大时，如5日均线从上向下穿过10日均线，形成死叉时，将显示头部已经形成。5日、10日、30日均线在高位出现死亡谷（死亡谷是指短期MA由上向下穿过中期MA、并继续向下穿过长期MA，随后中期MA也向下穿过长期MA，不久长期MA也出现下行，从而在顶部形成一个尖头向下的不规则三角形，这个三角形就叫死亡谷或死亡角）。60日均线走平或向下拐头，均构成中期转势信号。

（2）指标：周KDJ指标在80以上，形成死叉，日KDJ指标在高位严重钝化，通常是中期顶部和大顶的信号。10周RSl指标如运行到80以上，10日RSl指标严重超买并出现顶背离，预示着股指和股价进入极度超买状态，头部即将出现。TOW经过数浪上涨，在高位两平头、三平头或四平头翻绿时，是见顶信号。MACD指标在高位形成死叉、顶背离或M头时，红色柱状不能继续放大，并逐渐缩短时，绿柱出现并逐渐增长，头部已经形成。股价随BOLL通道上升较长时间，当股价向上越过BOLL上轨线后回落，下穿BOLL中轨线，随后又下穿BOLL下轨线时，上升通道拐头。一旦出现上述之一种信号时，则应果断卖出以避免造成利润的减少和不必要的损失。

（3）成交量：猛增至天量后，出现逐步萎缩，股价急速下跌。表明涨势将尽，上升乏力，盘面上随着人气的狂热，出现能量剧增，这就是常说的"天量天价"。它也分为两种：

①单日放天量。成交量原先保持温和状态，量价配合理想，股价节节攀升，某日盘中放出巨量，量价配合失衡，第二天缩量下跌，在成交量指标中出

现"顶天立地"的长柱。

②多日放天量。股价长期运行在上升通道之中，成交量适中，量价配合理想，股价逐波上扬，气势如虹。不久，股价在高位持续多日放出天量（有时庄家为了做盘需要，也能作出量价配合的K线图形），很快股价反转向下。

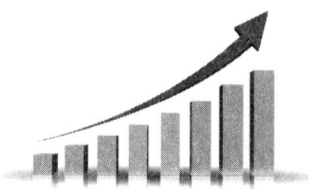

第91招　分析出货时K线组合特点

在出货阶段，K线组合在高位呈阴阳相间，或阴线出现次数增多，或在高位连续出现放量中、大阴线，或高位放量长上影线及缺口向上的十字星等，表明股价正在构筑头部，虽然此时买盘仍较旺盛，但已露疲弱之态，显示庄家已在派发离场，此时应果断出货。

庄家要撤退，总会在K线图上留下一些痕迹，若某股已有较大的涨幅，某天出现一根带长上影的K线，伴随着较大的成交量，此形态通常为庄家逃跑时来不及销毁的"痕迹"，股价短期将见顶，后市极有可能反复下挫。这种K线形态为一根K线（可为阳线亦可为阴线），带着长长的上影线，同时伴随着较大的成交量，股价往往当日反转向下。此形态通常在升势末期出现，股价加速上扬之后出现跳空缺口，当日股价快速拔高之后直线下挫，留下长长的上影线。出现此形态的原因：

（1）主力诱多，早市先大幅拉高，吸引跟风盘涌入，待散户介入之后再反手做空，股价先升后跌。

（2）股价连续上升后获利盘丰厚，对后市看法出现分歧，多头阵营出现变化，短线客纷纷落袋为安，导致股价冲高回落，亦会留下长长的上影线。

投资者对带长上影的K线宜保持高度警觉，特别是大批股票同时出现该形态时，大盘见顶的可能性极大，出现带长上影K线的同时一般伴随较大的成交量，此为庄家出逃的"铁证"，宜及时出局。

在出货阶段经常出现的K线组合形态有：墓碑形K线、反攻阳线、孕星线、穿头破脚、乌云盖顶、垂死十字、三只乌鸦、下跌三步曲、平顶、黄昏十字、吊颈、射击之星、顶部弃婴、大敌当前、顶部三星、跳空缺口等都是股价见顶的信号。

第92招　如何判断圆形顶

圆形顶的特征及操作策略：

（1）圆形顶的形成是从上升趋势到下降趋势的转变过程在平缓、渐续中进行的，没有明显的头部感觉，这些顶部的地位都差不多，没有明显的主次区分。

这种形态在很大程度上是庄家炒作股市的产物，他们有足够的筹码，如果一下抛出太多，股价下跌太快，手里的货一下不能全出手，只能一点一点地往外抛，不断来回拉锯，直到手中股票接近抛完时，才会大幅度打压，一举把股价打压到很深的位置。

（2）在成交量上，一般两头多，中间少，即"大、小、大"。在初期，成交量较大；在顶部区域，接盘较少，成交量萎缩；在末期，沽压加大，成交量逐步增加，价格下跌幅度加大。但如果庄家在顶部出货较多，加上多头退缩向下突破时倒不一定要成交量放大。

（3）圆形顶是一种重要的反转形态，可以出现在大、中、小行情的局部高点，形成短期或长期顶部，圆形顶形成所需的时间越长，今后下跌的幅度就越大。

（4）在操作上，股价快速向下突破圆形顶形态时为最后出货时机。不过，如能观察到明显的圆形顶即将形成，仍以圆形顶的右边，即缓慢下跌时出货为佳。不要过早出货是为了防止形态有变而造成损失。

第93招　如何判断潜伏顶

潜伏顶主要是股价经过一段时间上升后，在某个变动不大的区域极缓慢而细微地变动，随着时间的延长几乎变成一条水平和直线，之后突然向下突破，形成潜伏顶。

潜伏顶的特征及操作策略：潜伏顶是一种反转形态，它的形成必须依赖于一个根本要点，即极度乐观的市场气氛。潜伏顶可以出现在大、中、小行情的局部高点，形成短期或长期顶部，图形大小决定于作用大小。潜伏顶的成交量较少，突破时成交量放大，且突破方向是向下的。它一般出现于绩优股的走势中，原因是这类股票持有者心态比较稳定，不急于改变看法，相反投机性高的垃圾股很少走出这种形态，因为持股者没有什么信心，一旦风吹草动即先行一步逃跑。

从实践来看，可以把潜伏顶理解成"平顶"，即股价走了较长时间的平台之后向下突破，如果右边略有下沉，则可以按圆弧顶操作。投资者在股价突然出现向下突破时出货为好，这也是最后的时机。不要过早出货，以防形态有变而造成损失。

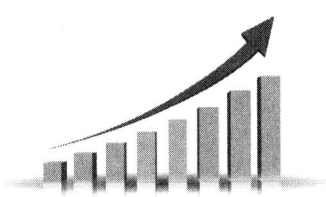

第94招 如何判断尖顶

尖形顶在中国股市中经常出现。代表的市场趋势的反转是突然的、剧烈的，几乎毫无先兆的情况下出现，并按新的趋势方向快速向下运动。它经常出现在股价一路持续上涨，很少调整或只有微小调整，且通常在股价持续上涨或跳空上涨市场中。它的形成有两个必要条件：

（1）股价运行在一个强劲的上升趋势之中。

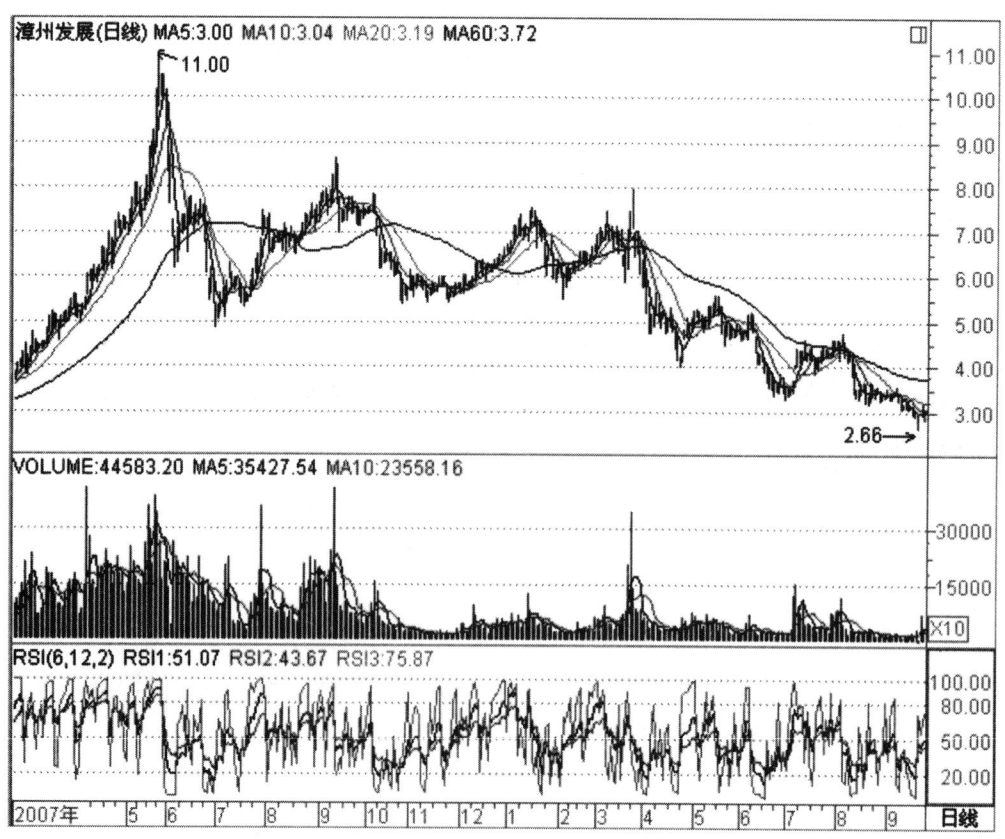

（2）股价已有较大升幅。尖形顶形成时间一般较短，也难以判别，一旦形成，其杀伤力极大。操作策略如下：

①在股价上升途中次顶部依宝塔式地分批将手中股票卖出，以防不测。往往此时人气最旺，轧空愈烈，黑马狂奔，采取逢高减磅的策略较为稳妥。

②一旦见顶回落，应壮士断腕，忍痛了结。

因此，必须事先设立止损点，不抱侥幸心理，一旦见顶，坚决止损出局，保住可靠资金，以利再战。

如上图，000753在经历了2006年的大牛市行情后于2007年5月上摸至11元，此时也达到了最高点，其后以剧烈的反转形态下跌，形成一个尖锐的倒V型顶。

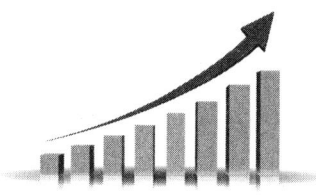

第95招　如何判断双重顶

双重顶又称M顶。一般出现在多头行情结束时，有时也会出现在上升趋势与下跌中间盘整阶段。一般来说，如果两峰顶出现时间（一般1个月左右）相距较远，则反转的可能性较大；反之，若相距较近，则属中段盘整的可能性较大，盘整完成后，仍将朝原方面继续前进。在出现左峰之前，股价距离起涨点往往已有了一段相当涨幅。右峰的价位并不一定与左峰相等，但相差不多。在成交量方面，通常右峰明显比左峰为少。

就庄股而言，庄家持筹多，大市在此期间总体向上，那么庄家可能分两次较大规模出货。因为筹码多，一次出不完，出得太低划不来。由于大市向上，上次出货被散户看成调整。因此，第二次花少量钱拉高时有散户愿意追高。第二次出货将出尽手中筹码，故到后期股价跌破颈线。

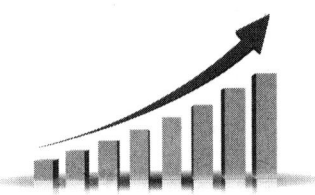

第96招　如何判断倒N顶

倒N形顶是双重顶的变异体。股价经过一轮持续性上升行情之后，先期低位持仓者开始沽货套利，股价回落，形成一个顶端，成交量逐步减少。当股价下跌至某一点位（支撑位或线）时，庄家停止打压出货，股价获得企稳。这时回补盘和短线盘介入，股价展开反弹行情，但成交量明显减少，股价很快回落，并轻松击穿前期低点，形成一个倒N形。我们对于一浪低于一浪的倒N形波，称其为下跌潮。一个下跌潮包含"下跌—上升—下跌"，当股价向下跌破倒N形波的转折低点时，为一个完整的向下倒N形形态。一个大的倒N形波可以包括许多个小的倒N形波。

倒N形态的特征及操作策略：

（1）当股价向下突破颈线时，一般以收市价低于前一个低点超过3％以上，倒N形获得成功确认。有时突破后可能产生短暂的反抽，以收市价计，只要未突破颈线3日以上，仍可视为反抽之内，后市应看淡。股价在跌破前期低点时，无须有大成交量的配合。

（2）N形形成的时间长短尚无标准，一二日有之，几周、几月也有之。实盘中，形成时间短的，短期下跌力度却很强；形成时间长的，后市跌幅越大，利淡信号更为明显。

（3）量度跌幅：测出第一次反弹高点至颈线间的垂直距离，再从突破颈线点向下量出等倍距离，即为至少量度跌幅。一般情况，实际跌幅比量度出来的大得多。

（4）买卖策略：当股价突破颈线或回抽颈线成功时，持股者坚决抛出，持币者观望。

第97招　如何判断变异三重顶

通常，投资者对于传统的双重顶与三重顶比较熟悉，这里重点分析一下变异三重顶。推陈出新永远是市场的发展规则，我国股市经过多年的发展，出现了一些新的走势形态，变异三重顶作为对传统双重顶与三重顶的变异，仍是较明确的卖出信号。市场表现上，庄家经常制造再次上攻前期高点并突破的假象，以掩盖其真正出货和意图。产生这种情况的市场背景是，当市场较为狂热时，由于看好后市的投资者众多，庄家不急于出货，在高位缓慢派发。在第一次回落后，庄家利用市场的狂热气氛，再次向上推高股价造成第一次回落仅仅回调的假象，利用市场的惜售心态，使市场误以为有创新高的潜力，减轻推高时的压力，在推高过程中继续派发。如此震荡来回，使市场投资者以为震荡洗盘，麻痹了投资者的警觉性，而在派发接近尾声时，庄家由于持有的股票已经较少，没必要继续维持股票的良好走势形态，会加大抛售力度，在前期高位附近由于庄家不再继续托盘，抛压的加大使得股价直线下跌，变异三重顶形成了。

当然，变异三重顶出现也有一定的空间要求：

（1）股价已经积累了相当一段可观的涨幅。

（2）出现的三个高点有依次向上倾斜的特征，几乎成一直线，这样欺骗性比较强。

（3）形态完成时往往出现一根大阴线，完成变异三重顶的形态构筑过程，股价由此进入暴跌阶段。

第98招　如何判断头肩顶

头肩顶形态是股市最常见的形态，也是最为著名和最为可靠的趋势反转突破形态。

头肩顶形态的特征及操作策略：

（1）在成交量上，第二个峰（头）的成交量比左肩要小，最重要的成交量信号发生在第三个峰点（右肩），此时的成交量比前两个峰处的成交量显著减少。当股价跌破颈线时，成交量增加。在股价反抽时，成交量又减少。然后，股价再度下跌，成交量也再度增加。

（2）量度跌幅有两种测算方法：一种是先量出从头到颈线的垂直距离，然后从突破点向下量出等倍距离，即为下跌的目标价位；另一种是先量出下降运作中第一浪的长度，然后从突破点向下量出等倍距离，即为下跌的目标价位。

操作策略：一般来说，短线投资者以右肩形成时出货为佳，头部出货当然最佳，但有可能在本不是头肩顶形态时少赚差价。中长线投资者应以大头肩顶形成，股价有效跌破颈线时出货为最后时机，如果预见到头肩顶将成，仍以左肩出货为佳。在形态已经形成、股价跌破颈线后又一次反弹至颈线附近时为最后清仓机会。

如下图，000559在2007年的5·30暴跌行情中形成巨大头肩顶形态的左肩，2007年8月30日上摸至16.93元，形成头部后下跌，其后在2007年12月的反弹中形成右肩，这里的右肩是最后的逃命机会。

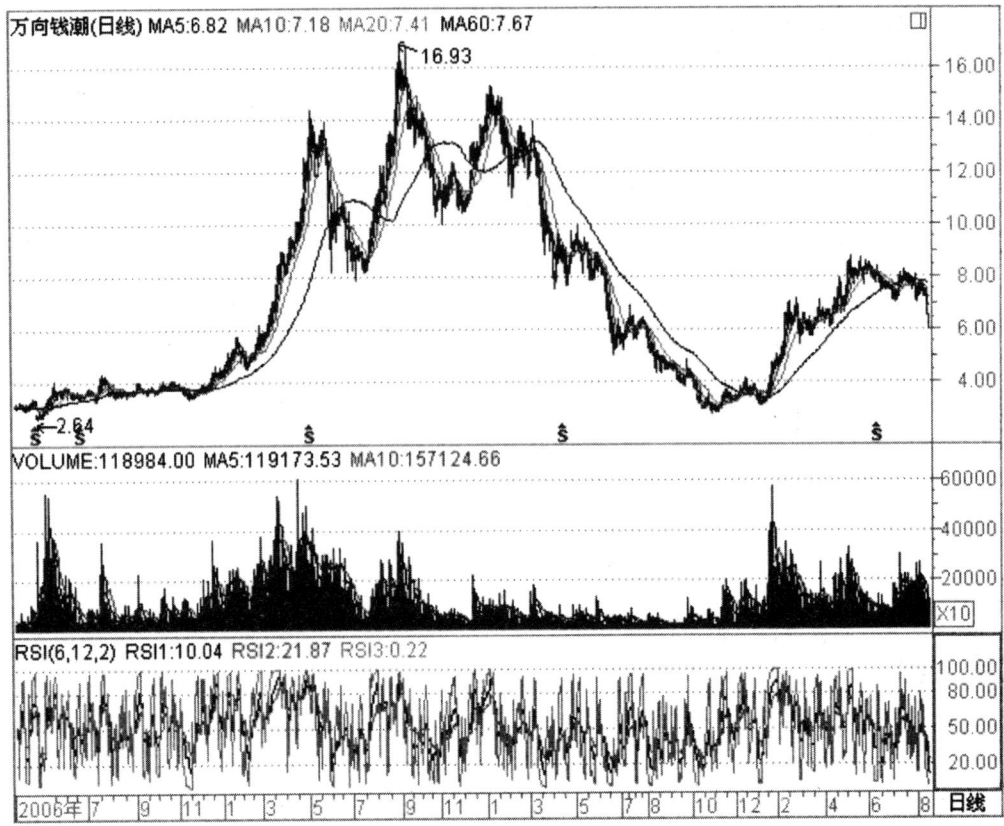
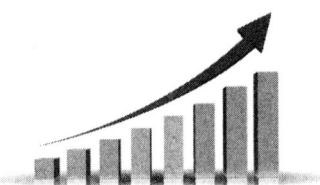

第99招　如何卖个短线好价钱

　　股谚云："会买的是徒弟，会卖的才是师傅。"这里揭示了卖股票的学问和难度，那么股票应当在什么时候卖出为好？根据多年的操盘经验，采用以下办法可以帮助短线交易者将股价卖在相对高价位。

　　（1）股价从高位下来后出现反弹，如果连续3天未收复5日均线，稳妥的做法是先出来观望。或者，股价反弹未达前期最高点或成交无量达前期高点时，不宜留着该只股票。

　　（2）股价破20日、60日均线或号称生命线的120日半年线、250日年线时，一般尚有8%～15%的跌幅，可以先退出来观望较妥。当然，如果资金不急着用的话，死顶也未尝不可，但要充分估计未来方方面面可能发生的变数。

　　（3）日K线图上突然出现大阴线并破重要平台时，不管第二天是否有反弹，都应该出掉手中的货。或者，股价上升较大空间后，日K线出现十字星或长上影线的倒锤形阳线或阴线时，是卖出股票的关键。上升一段时间后，日K线在高位出现十字星，反映买方与卖方力量相当，局面将由买方市场转为卖方市场，犹如开车遇到十字路口的红灯，反映市场将发生转折。股价大幅上升后，出现带长影线的倒锤形阴线，反映当日抛售者多，若当日成交量很大，更是见顶信号。许多个股形成高位十字星或倒锤形长上影阴线时，形成大头部的概率极大，应果断卖出。

　　（4）新股上市尽量在早上交易时间的10：30～11：20卖出，收益较为客观。

　　（5）重大节日前一个星期左右，开始调整手中的筹码，乃至清空股票，静待观望。

（6）雪崩式股票什么时候出来都是对的，大市持续下跌中，手中持有的股票不跌或微跌，一定要打起精神来，不要太过侥幸，先抛出来为好，像此类股票总有补跌赶底的时候。

（7）股价大幅上扬之后，持股者普遍获利，在上扬过程中一旦出现卖单很大，特别是主动性抛盘很大，反映庄家在抛售，这是卖出的强烈信号。尽管此时买入的投资者仍多，买入仍踊跃，这很容易迷惑看盘经验差的投资者。

（8）股价大幅上升后，成交量大幅放大，创出近期的最大值，是庄家出货的有力信号，是持股者卖出的关键，没有主力拉抬的股票难以上扬，仅靠广大中小散户很难推高股价的。上扬末期成交量创下天量，是形成大头部区域的先前信号。

（9）股价大幅上扬后，除权日前后是卖股票的关键时机。上市公司年终或中期实施送配方案，股价大幅上扬后，股权登记日前后或除权日前后，往往形成冲高出货的行情，一旦该日抛售股票连续出现十几万股的市况，应果断卖出，反映庄家出货，不宜久持该股。

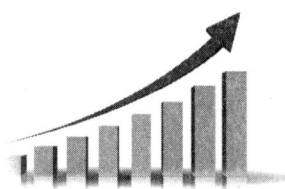

第100招　追求短线交易的最高境界

短线交易有自身的缺陷——大资金进出不太方便，但对不足1 000万元资金的投资者而言，则基本没有什么交易障碍。中线交易也并不是没有缺点，一般中线交易者自身的风险意识比较弱，容易由浅套到深套——这与中线交易者期望值较高及看问题比较固执有关。其实，中线交易和短线交易成不成功都取决于投资者在各方面的造诣深浅。

短线交易的最大优点在于短线交易者的风险意识较强——股市一有风吹草动就立即平仓出来观望。

有人说，短线交易的最大风险源于追高操作。其实未必尽然。强者恒强是股市上的常态——无论是强势市场还是弱势市场都一样。把一些连续涨停的热点股龙头股与其他股票作过比较后得知，如果大盘出现大跌，前者跌一个点，后者至少要跌五个点。所以，追高这样的股票才是最安全的。

所以问题不在于追高，而在于不能乱追。短线交易的最高境界是空仓—空仓不仅可以回避市场下挫的风险，也可等到市场最强势的龙头股的出现。

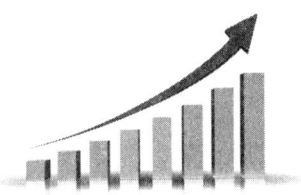

短线心法盈利口诀欣赏

口诀1：两阳夹一阴，看涨可放心

口诀要点

两阳夹一阴又被称为多方炮，即一根小阴线夹在两根阳线中间，是一种典型的上攻型态，如出现于平台整理形态之后，可信度极高，及时跟进应有较为可观的收益。特殊的三阳夹二阴称叠叠多方炮。

口诀详解

两阳夹一阴指某只个股在第一天收出了一根实体中阳线，次日，该股的价格并未出现持续性的上升，而是收了一根实体基本等同于第一天阳线的阴线，但第三天又未承接第二天的跌势，反而再次涨了起来，还是收出中阳线，实体也基本等同于前两日K线的实体部分。这便是个股即将起飞的征兆，对投资者来说也是非常难得的短线买入点位。这种形态一般出现在股价即将上破箱顶阶段，或者出现在上攻过程中的中途换档阶段，有时会出现在股价脱离底部的启动阶段。

从形态构造过程来说，两阳夹一阴属于庄家的震仓行为，由于其点位是处于箱顶、上升中途或底部，所以容易令散户的筹码脱手，从而使庄家可以顺理成章地完成拉升过程中的洗盘。股价从低位上涨到一定高度后，短线累积了相当数量的获利筹码。当主力庄家感到向上拉抬时阻力加重，就顺势令股价进入调整。于是日K线呈现阴阳交错，而股价徘徊不前，甚至略有下挫，即进入所谓"洗盘"阶段。当成交量在调整过程中逐步萎缩至短期地量时，也就意味着信心不坚定的短线客已基本出局，"洗盘"结束。此后某一日股价放量收阳，收市价站到了多条中短期均线之上，显示经过一段休整期，多方欲卷土重来，发动新一轮攻势。然而，次日股价不升反跌，令部分技术派人士信心动摇，而不敢追进，岂知此举正是盘中主力刻意而为。第三日股价再收阳线，将前一日失地全部收回，进攻号角吹响。投资者见此信号如能及时跟进，可搭一段顺风车。

这里需要特别强调的是，两阳夹一阴要求以短线进出为好，并不适合中长线投资者的参与，只有那种处于底部的才适合中长线投资者逢低买入。从投资者心理角度讲，两阴夹一阳第一天容易使人获利了结，第二天由于出现阴包阳现象，更会诱使人抛出手中筹码，而第三天又容易令已抛出筹码者十分懊悔，不愿买回，这些现象均有利于庄家的洗盘。一旦两阳夹一阴这种K线组合形态明显构成，不管是空仓者还是刚被震出仓者，均可立即半仓介入，另外半仓可待该股的价格创出新高后再次介入。

在研判及操作两阳夹一阴形态时，投资者必须注意以下要点：

1. 多方炮须出现在一轮明显的下跌行情之后，股价有一个低位止跌横盘的过程；

2. 两支阳线中间夹一支阴线，后一支阳线实体越大越好，如中间一支星线，特别是红星，后面涨势能量更强。

3. 骑墙过线看多头，第二根阳线要站在均线之上，均线要呈多头向上之势。

4. 后量超前真信号，还必须看量能的态势，基本要求是超过前面的成交量，应在3倍以上、或是近期最大的当日成交量。

5. 第一天放量阳线须是突破中期均线（如：30日线）或创近期新高；

6. 第二天出现跳空高开的阴线，成交量必须萎缩，而股价不可再回均线之下；

7. 第三天阳线的收盘价应高于第一天的收盘价,且须比第一天放量,但不可是巨量；

8. 第四天必须稍放量（匀量或温量）阳线；对于空方炮一定要做空，也就是说只要见"两阴夹一阳"坚决杀跌！

例：东软集团（600718）（见图1）该股2005年6月末股价跳水大幅下跌，7月8日以5.33元探底后开始了一段横盘整理。21日股价小幅上涨，然此时行情未明，不宜贸然介入。从7月27日到29日K线图上形成了"两阳夹一阴"形态，这是见底回升的重要信号，此时投资者可以重仓介入，该股后市果然一路上扬，涨势喜人！

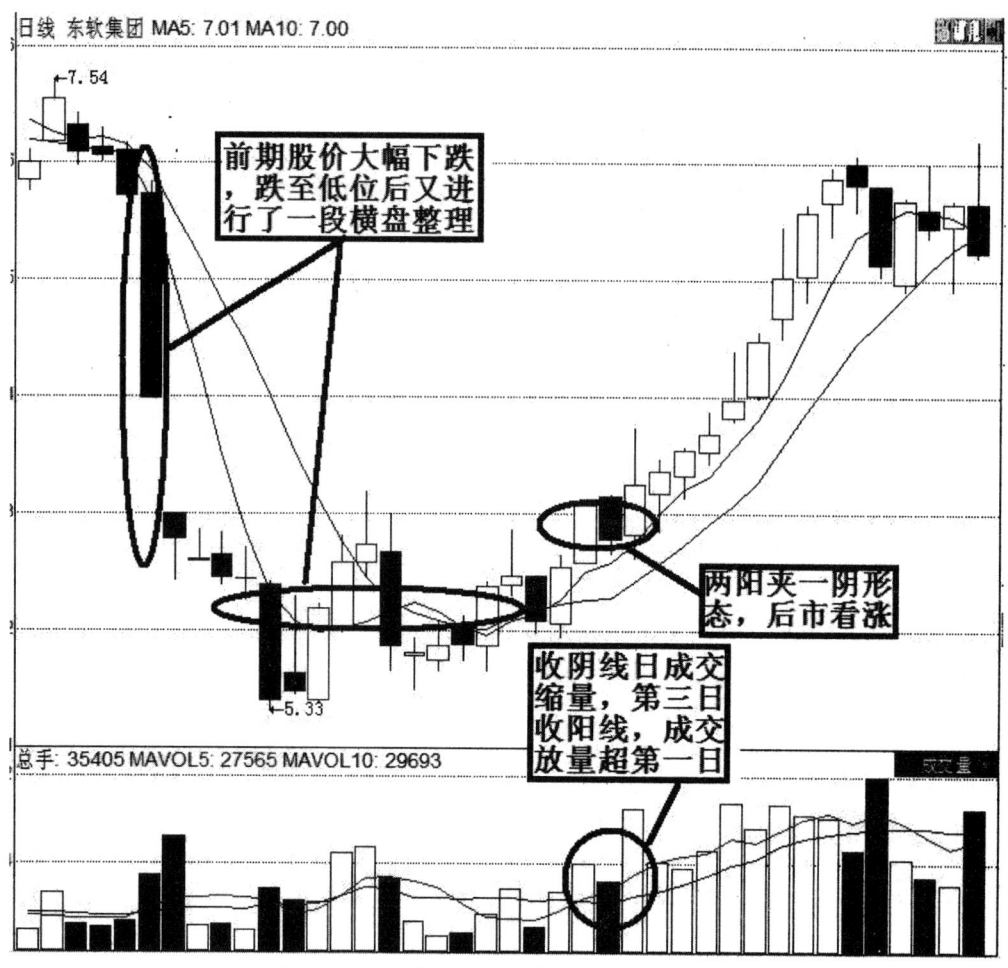

图1：东软集团两阳夹一阴买入图解

口诀点金

当多方炮形态出现后，股价未必一定上涨，如果接下来股价出现跳空上行或继续放量上攻的情形，表明多方炮的技术意义有效，否则多方炮将变成哑炮，形成多头陷阱，股价将回落到原来的整理区间继续盘整，甚至于出现向下破位的情形。因此为了提高准确性，介入这类个股的另一个前提是均线系统必须正好形成多头排列，另外，MACD指标、DMA指标、TRIX指标和EXPMA指标等同时金叉也十分重要。

口诀2：空方炮，跌信号，此时不跑就被套

口诀要点

两阴夹一阳的K线组合又称"空方炮"，即一个阳线夹在两根阴线中间，这常是一个下跌途中的形态。表示股价下跌，中间遇到小阳线的抵抗，但还是挡不住卖方的力量，股价将继续走下跌行情。与两阳夹一阴多方炮相反，两阴夹一阳则是卖出信号。它反应市场空方占优，多方且战且退，情况不容乐观，短线投资者此时必须离场，止盈或止损。

口诀详解

两阴夹一阳多出现在市场的顶部，是长期上涨之后股价开始在高位出现滞涨迹象，因人气转弱，稍涨即有抛盘涌出，上档压力较重，此时应怀疑随时可能会向下破位。当出现第一根放量阴线向下突破后，第二天往往反弹乏力走出冲高回落的阳线，但成交量已明显不足，第三天空头继续派发筹码，股价继续下跌，有时甚至收出光头光脚的阴线，这种组合称为空方炮之两阴夹一阳。如果两条阴线的成交量大于阳线的成交量，则有效性极高，投资者应坚决卖出。如果中间的反弹由一日延伸为两日，这种组合也称为空方炮之阴后两阳阴。

两阴夹一阳形态的研判要点：

1. 两条阴线实体较长，通常都大于阳线实体长度。
2. 两条阴线伴随的成交量明显大于阳线时的成交量。
3. 股价已攀升到一定高位。

在两阴夹一阳、阴后两阳阴形成后的一两个交易日内，股价加速下跌甚至开始以缺口形式向下跳空下行，预示着股价将加速下跌。实战中空方炮往往

在行情的末期出现，空方炮则股价看跌，但有时也在下跌两三天后或一周内出现，这是空头为了更好地继续向下攻击而进行的中途换档盘整，因此空方炮之两阴夹一阳、阴后两阳阴的出现往往是较好的短线卖出时机。

两阴夹一阳的形态构造过程为：股价在高位滞涨时，某一天下跌收出一根阴线，第二天出现了一根缩量的反弹小阳，第三天再度下跌又拉出阴线，完全吞食第二根阳线并且到达第一根阴线低点甚至超出。两阴夹一阳的空方炮形成后股价往往会出现加速暴挫，因此破位之际是较好的止盈与止损点。

阴后两阳阴的形态构造过程为：股价在高位滞涨并且高点也逐渐下移，某一天下跌收出一根阴线，第二天为一根缩量反弹小阳，第三天继续出现缩量反弹小阳，但收盘价未突破第一根阴线的高点，显示出只为弱势的修复，第四天再度下跌拉出阴线，完全吞食前二根阳线并且达到第一根阴线低点甚至超出，即（阴）线之（后）出现（两）根（阳）线随后再拉出大（阴）。阴后两阳阴空方炮形成后股价往往会加速暴挫，甚至一江春水向东流，漫长的跌势才刚刚开始，因此破位之际为较好的止盈与止损点。

那么在实盘操作中，投资者应怎样运用空方炮来做买卖呢？

空方炮如在行情末期开炮，则股价的向下抛压将十分重，如是在持续下跌或跌幅较大的时候出现，开炮后的推动力则不足；

空方炮的第二根阴线往往是在向下突破重大技术支撑位时才开炮发射的，如重要均线支撑位、前期平台成交密集区等，因此击破重大技术支撑位时的空方炮更具威力，也更具实战的止损与止盈功能；

空方炮的逃命点是在第二根阴线正好吞食之前阳线实体之际，当然如果错过了这一逃命机会，空方炮开炮之后仍继续。

例：湘电股份（600416）（见图2）该股2002年7月到8月间经过了一波上涨，9月初股价在高位横盘整理，但已经出现了颓势。9月24日，股价跌穿了5日均线及10日均线，失去了短期均线的支撑，股价下跌不远，投资者应迅速止损出局。如果觉得信号还不够强烈，那么9月27日、10月8日、10月9日3天形成的两阴夹一阳形态，无疑向投资者发出了最后的警示，10月11日一根巨量长阴线将该股拉入下跌行情中。

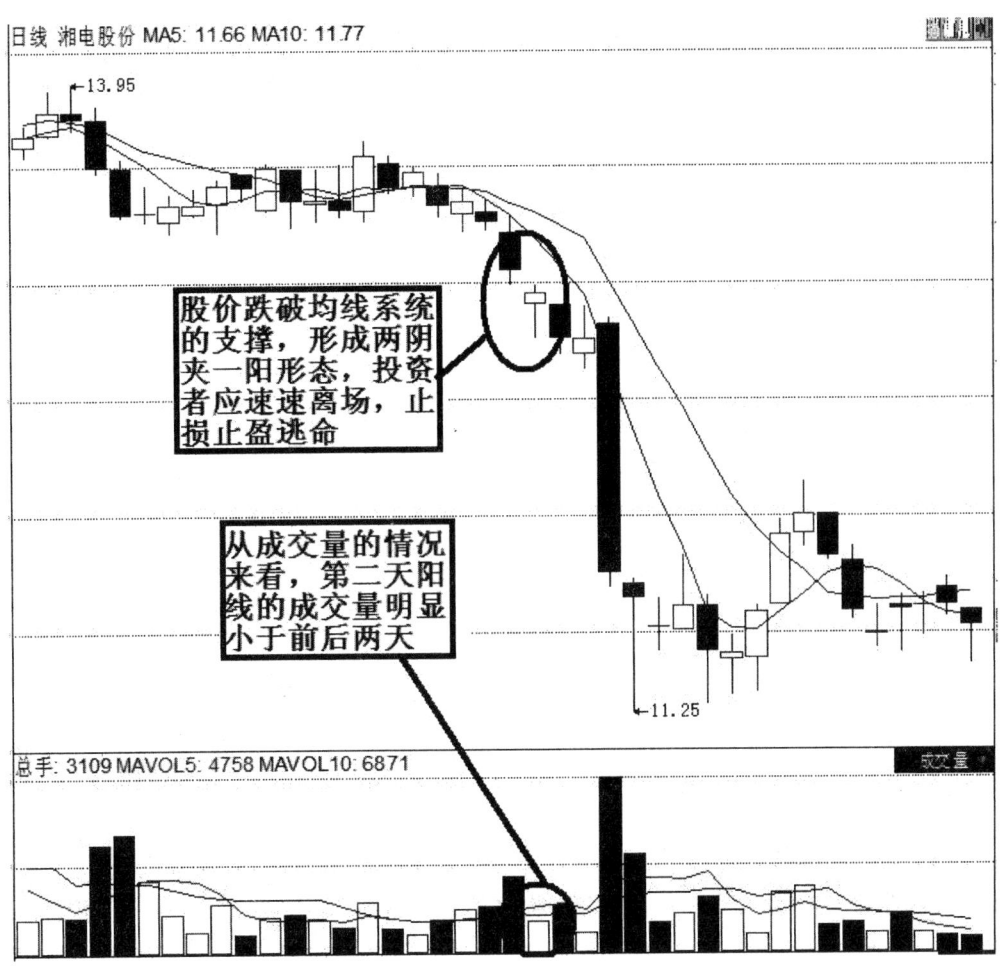

图2：湘电股份空方炮形态图解

口诀点金

股价在高位区域出现两阴夹一阳K线组合形态时，应立即卖出手中持股，以回避头部风险。两阴夹一阳K线组合形态中的阳线也可以是"十"字小阳线。有时出现两根大阴线夹数根小阳线，且第二根阴线把前几根小阳线全收复的K线组合形态时，同样具有看空意义，应卖出手中股票。

口诀3：脱线切记不跟盘，八爪线时不介入

口诀要点

当股价出现连续3天脱线的情况时，很可能会进行震荡整理，此时短线投资宜离场；短期均线出现八爪线形态时，投资者宜持币观望，不要轻易介入。

口诀详解

脱线（见图3）就是指股价（K线）在攻击过程中由于加速的缘故，脱离了最近的均线（比如5日均线），而如果这种脱线现象出现连续超过3天，就会造成筹码的转换现象，可能会出现一个高点（顶），或低点（低）。就像股谚说的那样"3天脱线，筹码变换"，意思就是经过连续3天以上的脱线攻击后，短线该股筹码均会出现筹码转换（转移）的现象。当然，有时也是主力利用连续强攻，吸引跟风盘来达到出筹码；或者在下跌段中连续加速下跌达到低位捡拾恐慌割肉筹码的常用技术动作，总之此时跟盘风险很大。

通常情况下，在连续脱线3天（或以上）后，股价短线都会出现横向、回打、震、洗、等震荡整理的情况。即使还有攻击，股价也要先稳住震荡整理，等待下面均线跟上来股价"靠线"后，才会再展开攻击。

而八爪线则是指5日、10日两线由于股价的拉升而出现了八字形的分离（5日远离10日）就造成了八爪线的产生。实盘操作中一般都会用5日，10日线做为短线跟盘时分析跟追股价走势，但常常在股价走势挺好的时候跟入，却随即被拖入了回调整理（回调之后也许还会上升），这其实就是我们没有仔细注意到短期均线已经出现八爪线的形态，而此时介入是选择的时机不对。所以，跟盘介入时要细心观察一下有没有八爪线形态的发生，警惕短线被套参与调整。

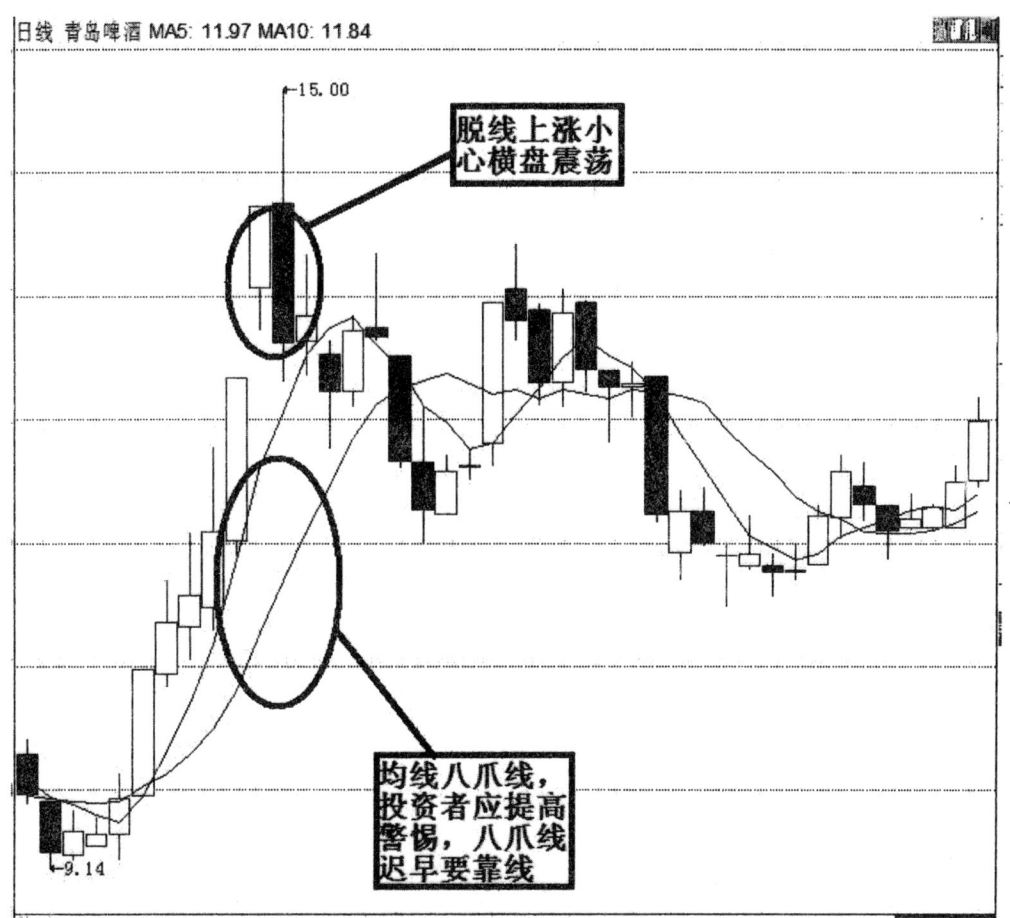

图3：脱线与八爪线图解

八爪线也是一种均线之间"乖离率"加大而造成的结果。因此，在出现八爪线之后，股价就必然在短线出现一个回落动作来"消化"此种"乖离率"现象。所以，股价就会出现向均线靠拢而产生"靠线"动作。当这种"乖离率"缩小修复后，股价好可以继续原有的攻击。

但实战中，在一些顶部、高点、底部、低点等扭转点处，也经常会出现八爪线现象。

在实战中，要牢记八爪线的均线形态。当某股加速上攻出现八爪线的时，不可追高，否则，容易出现刚买进就被套，因为出现八爪线后，股价肯定会慢慢靠线。而当某股短线下打过急，也出现八爪线现象时，短线就不易再杀跌了，可以在后面的股价回升起来"靠线"时，逢高择机出局。

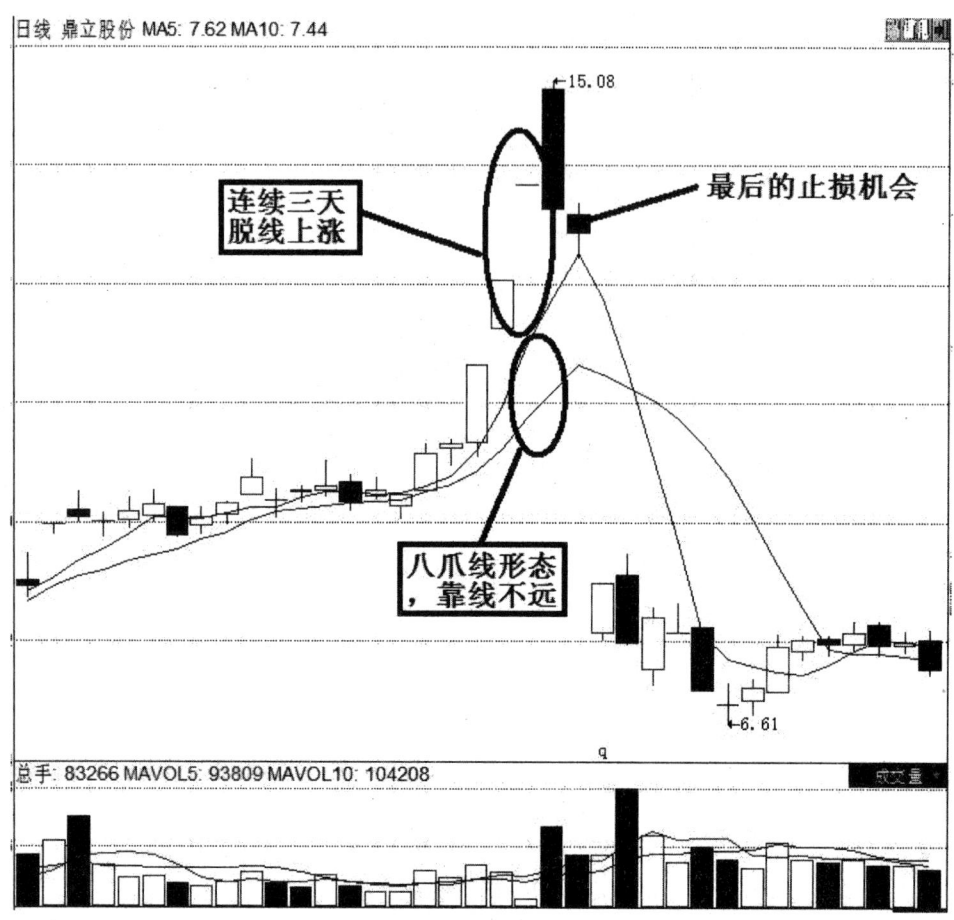

图4：鼎立股份短线操作图解

例：鼎立股份（600614）（见图4）该股2009年3月2日开始一波股价拉升，股价依托短期均线上行。从4月10日开始，涨幅突然加大，15、16、17三天股价脱线上涨，同时均线出现了八爪线形态，两种形态相互验证，股价回落已然不远，此时投资者应及早出局，以防被套。3月18日，股价高开大阴线，股价以15.08元见顶，第二日该股跳空低开，这是投资者最后的止损机会，对其抱有幻想者只会被套牢。果然，4月21日股价跳水低开，股价由前一日的13.07元跌至8.46元。

口诀点金

判断"脱线"的距离大小，应该以K线当天最高价为基准，结合收盘价格计算与最近短期均线之间的价差率。如果价差率太大，则上涨趋势时不宜追高，下跌趋势时则可以考虑抓取短线股价反抽、反弹靠线时的利润。

口诀4：黄昏十字星，不走被套蒙

口诀要点

黄昏十字星表现为在上升过程中出现中或巨阳，第二日又跳空向上但收出阳或阴十字，第三日出现暴挫。黄昏十字星为重要的见顶信号，如果第三日出现向下跳空或阴包阳，转势效果更佳。因此，投资者如果在追涨一段时间后碰到黄昏十字星就要赶快离场，以防被套。

口诀详解

黄昏十字星形态（见图5）是强烈的趋势转弱信号，预示行情将随之进入震荡下行趋势中，投资者需要把握时机获利了结或止损出局。

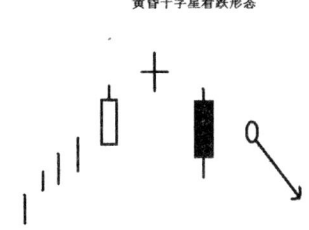

图5：黄昏十字星形态示意图

黄昏十字星K线组合形成过程是，股价经过一段时间的持续上涨，连续拉出大阳线，并且成交量放大，并且加速上扬。第一天，市场在一片狂欢之中继续涨势，并且拉出一根长阳线。第二天，多空力量达到暂时均衡，盘中股价虽暂时出现高于或低于开盘价成交。第三天，突然下跌，间或出现恐慌性抛压，价

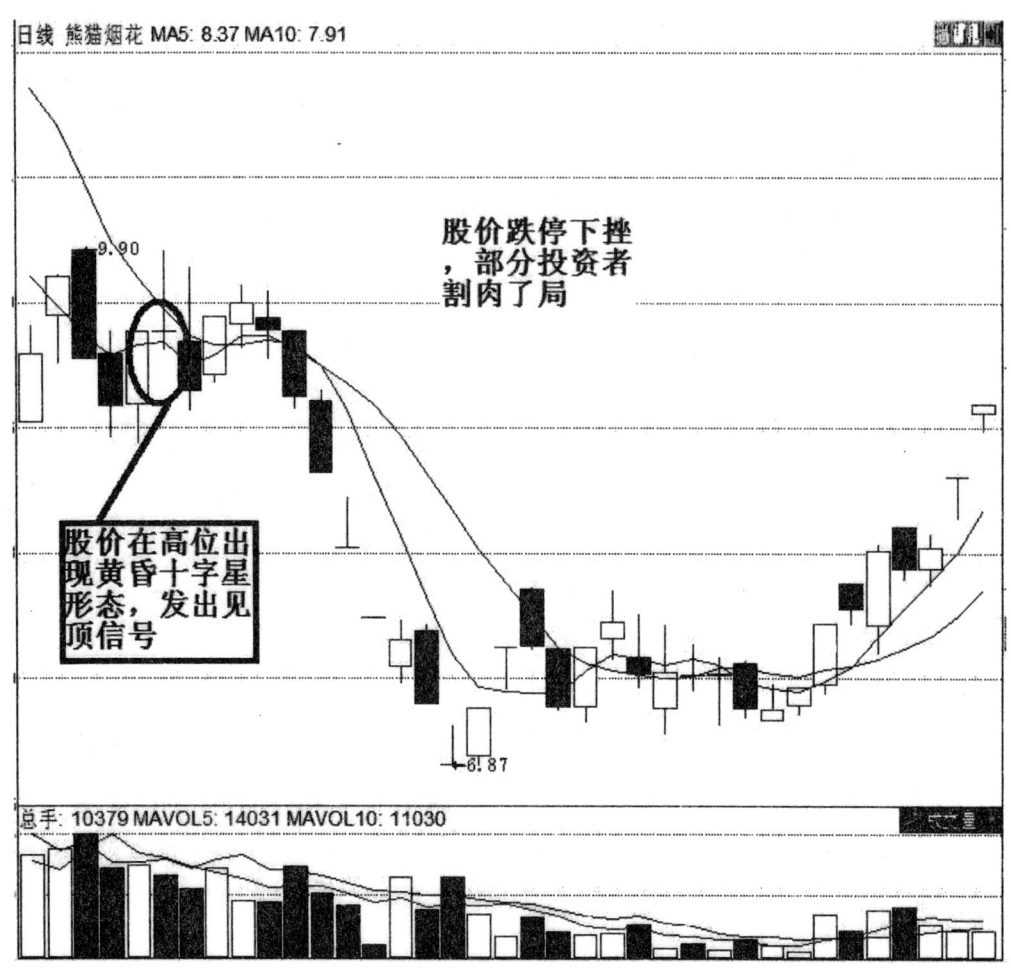

图6：熊猫烟花黄昏十字星图解

格拉出长阴，抹去了前两天大部分走势。此时市况已发生根本的转变，跌势一直持续到收市。

一般来说出现黄昏十字星，表明股价见顶反转，投资者应该迅速撤离。实盘操作中，如果十字星的上影线较长，并且有较大成交量，通常都是见顶信号；如果黄昏十字星出现在突破前期高点附近，则几乎肯定是反转信号；前期的涨幅越大，黄昏十字星的见顶信号越强。

在这里要特别强调一下，确认黄昏十字星见顶信号必须注意以下几个问题：

1. 行情必须经过一轮大涨。
2. 上市一年内的次新股，自股票上市以来算起，其涨幅达到或者超过上市首日开盘价的５０％以上的。

3．上市一年至两年的股票，近期（1个月左右）涨幅达到50%以上。

4．上市两年后的股票，自股票上市后，其累计涨幅超过１００％以上，但是近期股票涨幅达到５０％以上的。

5．上市三年后的股票，自股票上市以后，其累计涨幅超过１５０％以上，但是近期股票加速涨幅达到５０％以上的。

例：熊猫烟花（600599）（见图6）该股2007年6月13日、14日、15日三天在高位形成黄昏十字星，随后股价大幅下挫。

该股黄昏十字星三天的成交量分别是362万股、317万股和297万股,三天的总成交量达到976万股,三天的换手率高达20.3%。这是庄家派货的多头陷阱,在这里接货的投资者均掉进了庄家的多头陷阱。

口诀点金

如果市场上出现了一根向上跳空的十字星线（就是说，该十字星线的下影线与前一根蜡烛线的上影线没有任何重叠之处），它的后面再跟着一条向下跳空的黑色蜡烛线，并且在这根黑色蜡烛线的上影线与十字星线的下影线之间也形成了价格跳空，这根十字星线就构成了一个主要顶部反转信号。而这种形态就被称为弃婴顶部形态。

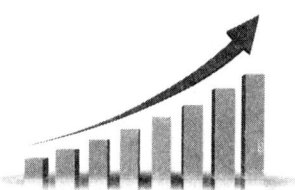

口诀5：骤跌并排红，此股继续熊

口诀要点

股价经过一段时间的下跌后，某日突然跳空低开但高走，尾盘报收阳线，且收盘价与前一根K线的收盘价形成缺口（影线部分的相互渗入可以忽略），次日股价在阳线的开盘价附近低开，但收盘却在阳线的收盘价一带，这样便在下降途中出现了一组开盘价和收盘价接近，实体长度相当的并列阳线，这就是下跌持续形并列阳线。出现这种形态后，股价将会继续下跌。

口诀详解

股价经过了一段时间回调后突然跳空低开，可见卖盘依然很多，有加速下跌迹象，但出乎意料的是低开后反而向上反弹，说明下面有大资金拉抬，即便如此，收盘时仍未把跳空缺口填补。次日股价再次跳空低开，同样有大量卖单涌出，但盘中主力再次把股价拉升至前一日收盘价附近。这一系列动作只有控盘能力较强的主力才能做到。股价明明还跌，庄家何以一意孤行呢？这是欲擒故纵，目的是托价出货，一旦散户认为已止跌并跟进，主力手中的筹码便纷纷抛售了。因此下跌途中出现的并列阳线依然看跌（见图7）。

第二根阳线形成当日，收盘前5分钟若能看出是下跌持续形并列阳线，可卖出；次日股价若恢复下跌走势，应尽早清仓。

例：领先科技（000669）（见图8）1997年6月股价在相对高位呈横盘震荡整理，6月6日和6月9日，股价在下跌途中向下跳空出现标准的并列阳线，向投资者发出了警讯。此时不应再对该股抱有幻想，及早止损出局才是上策。下跌并列阳线出现后，K线图上再次出现了一个小平台，且股价由上扬趋势，但这只

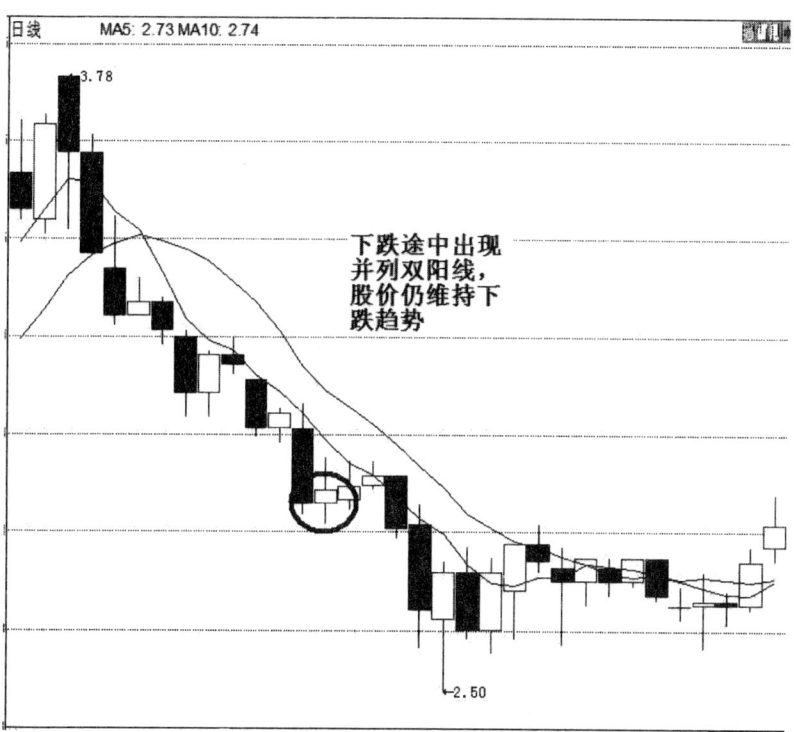

图7：下跌途中并列阳线图解

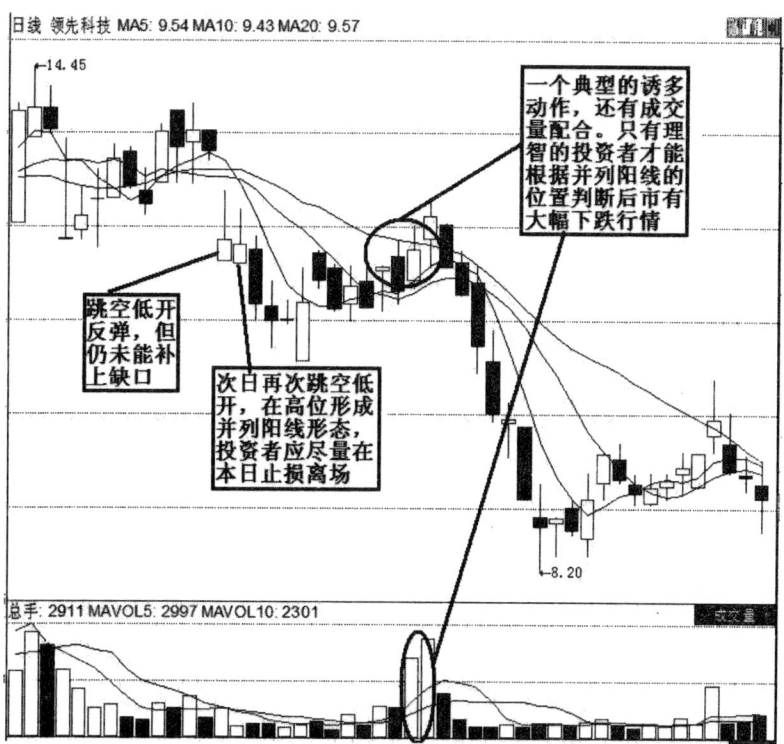

图8：领先科技并列阳线操作图解

是诱多动作,投资者应逢高清仓。果然股价在小幅上升后突然暴跌,累积跌幅超40%。

口诀点金

形态出现的位置离顶部越近,下跌幅度越大。并列阳线是指阳线间实体部分的并列,与影线无关,但在下跌途中,若阳线的上影线越长,从单根K线的技术意义上讲,下跌几率越大,形态越可靠。

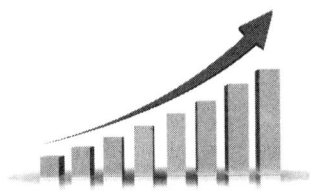

口诀6：底部三星线，买入有钱赚

口诀要点

这种买入形态主要出现在市场底部，经过大跌后，股价低位连续三个交易日收出实体偏小且带有上下影线的星形线。这三根K线不分阴阳，呈横向排列。有时同一形态的三星线也会出现在上升途中的回抽阶段，可呈横向排列或梯形排列。

口诀详解

底部三星是指在低位连续出现的三颗星形图线的走势。该形态出现后，价格多会止跌企稳，继而出现一段上涨行情，是空头平仓、多头建立头寸的可信依据。上升途中三星线形态同样是多空双方较量过程中力量强弱对比的反映。第一颗星出现，显示空方进攻不再像以前那般顺利，受到了多方的阻挠；第二颗星出现，表示多方力量已强大到足以和空方抗衡，股价只能原地踏步；第三颗星出现后，已可确定多方取得优势；空方内部倒戈者越来越多，多方人心所向，后市看涨。

底部三星线一般出现在一段深跌后的低位；三颗星应呈横向排列或逐渐上涨的排列；第一颗星的前面应是一条较大的阴线；多于三颗星的走势也按三星底部形态操作；三颗星不分阴阳，但最好全是阳线。在一波凶悍的重挫发生之后，第一个十字星表示空头抛压减轻，多头试探性入场；第二个十字星意味着，多头继续入场，空头仍顽强抵抗；第三天，空头转入防守领域，多头已开始组织进攻。如果十字星逐级升高，则后市反转的可能性逐渐增大。

操作底部三星时，应根据第三颗星的涨跌变化，决定进场时间：第三颗星为阳线时，可在当天做多；第三颗星为阴线时，则应等到第二天价格向上突破第三颗星的开盘价后才可进场。

在实战应用时投资者应谨记以下三点：

1.第三颗星为阳线时，当天可买入；

2.第三颗星为阴线则先待阳线出现后再跟进；

3.在上升途中的三星线买入的最佳时机就是第三颗星出现当日，无论是阴还是阳均可买入。

4. 形态出现前，股价至少跌了10%以上。

5.最佳止损价位为三颗星中最低价以下3—5点的地方。

例1：宁波华翔（002048）（见图9）该股在2006年11月初出现下跌，从12.69元下调至10.20元低位。11月15日到17日K线走势图上出现了三星线形态，

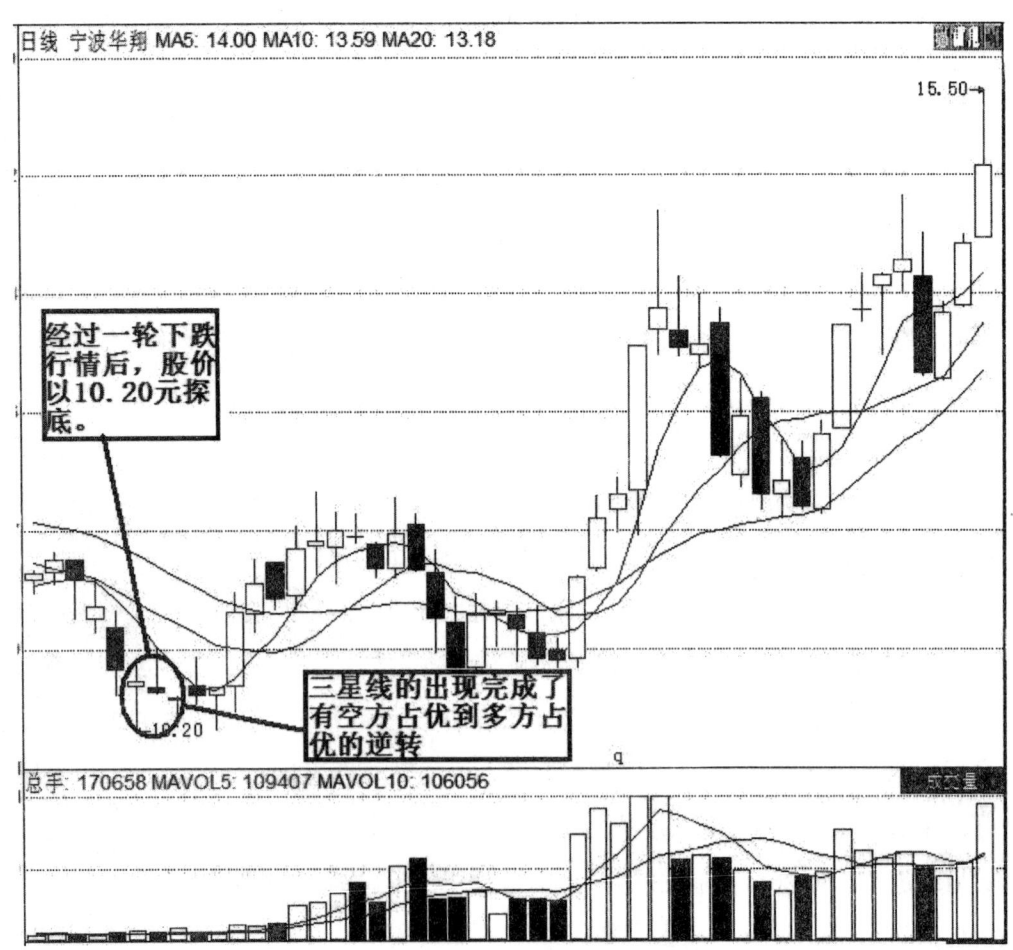

图9：宁波华翔三星线操作图解

预示行情即将反转，我们再看11月15日、17日和21日，股价又形成了"三次触底不穿线"，两种形态相互验证，反转信号十分可靠，投资者可逢低建仓。果然，22日股价便火箭发射，震荡上攻至16.60元。

例2：南方汇通（000920）（见图10）经过一段时间下跌后，该股在2007年3月2日、5日、6日在底部出现了三星线形态，显示空方力量不足，行情即将逆转。三星线形态出现后，股价果然转而向上，股价经过数日拉上后，在一个相对高位形成了一个平台，成交量亦出现萎缩，显示主力控筹能力良好，投资者可逢低加仓。经过一段时间横盘震荡后，股价开始了第二波拉升，以10.35元见顶，投资者获利丰厚！

其实，底部三星是早晨之星的"变种"，只是底部三星背后蕴含的多空

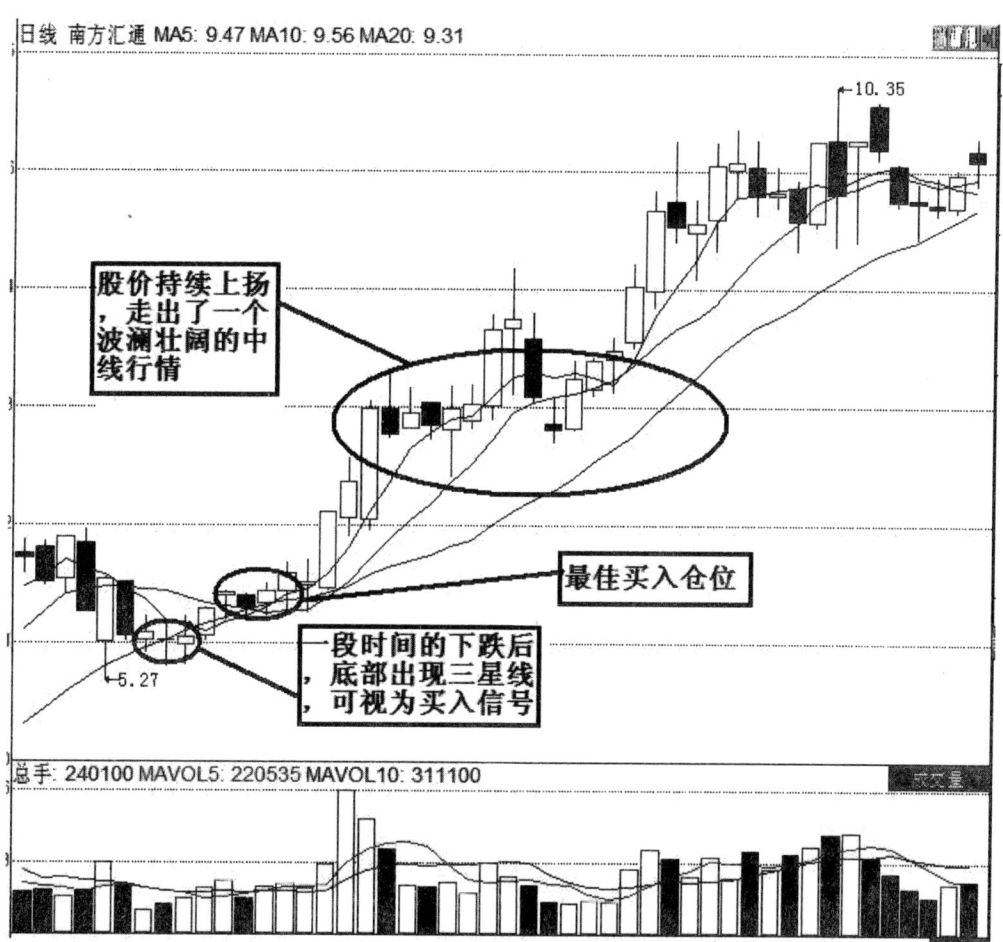

图10：南方汇通三星线操作图解

力量较量更加激烈。而经过这样的交战之后，后市爆发性上涨的可能性大大增加。

口诀点金

低位三星线容易与"下降途中三星线"混淆，区分的方法是：一波下跌行情中第二次出现三星线可视为低位三星线。另外，如果"下降途中三星线"误认为低位三星线而买入了股票，解套方法有二：一是设置止损位;二是拿着不动，调到位后补仓，反弹再出。

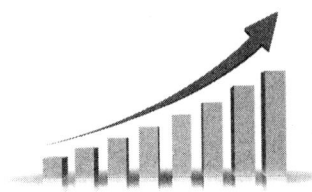

口诀7：曙光初现地平线，抢点筹码是理念

口诀要点

曙光初现又叫做刺透形态或斩回线形态，是明确的底部反转信号。曙光初现形态是由两根K线组成，第一天是一根阴线，第二天是一个阳线，第二天的实体穿过第一天的实体，深入一半以上。出现曙光初现形态预示后市可能结束下跌行情，转而向上。

口诀详解

曙光初现形态（见图11）基本上与乌云盖顶相同，只不过前者出现在顶部，而后者出现在底部而已。出现曙光初现形态时，其第二根K线（即阳线）的实体部分越长，表示上升的力度也越强，可靠程度也越大，而第二根K线（即阳线）的收盘价最好高于第一根K线（即阴线）实体部分一半以上。

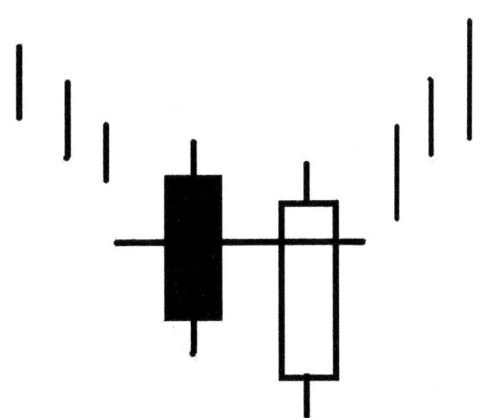

图11：曙光初现形态示意图

曙光初现形态的识别法则为：

1、市场处于下降趋势，第一天是一根大阴线。

2、第二天是一根大阳线，它的开盘价低于第一天的最低价。

3、第二天的收盘价应该高于第一天大阴线实体的中点。

关于曙光初现形态背后的心理过程，我们可以作如下理解：市场本来处于下降趋势中，曙光初现形态第一天的疲弱的绿色实体加强了这种市场预期。第二天，市场以向下跳空的形式开盘。到此为止，熊方观察着行情的发展，感觉诸事顺遂。可是后来，到当日收盘的时候，市场却涨了回去，结果收盘价不仅完全回到了前一天收盘价的水平，而且变本加厉地向上大大超越了这个水平。现在，熊方开始对手上的空头头寸忐忑不安起来。有些市场参与者一直在寻找买进的机会，他们据此推断，市场不能够维持这个新低价位，或许这正是入市做多的大好时机。

关于曙光初现形态，也有四项参考性因素，如果曙光初现形态兼具这些特征，那么它的技术分量将大为增强。

1，在曙光初现形态中，白色实体的收盘价向上穿入前一个黑色实体的程度越深，则该形态构成市场底部的机会越大。

2，曙光初现形态形态发生在一个超长期的下降趋势中，它的第一天是一根坚挺的黑色实体，其开盘价就是最低价（就是说光脚的），而且其收盘价就是最高价（光头）；它的第二天是一根长长的白色实体，其开盘价位于最高价，收盘价位于最低价。

3，在曙光初现形态中，如果第二个白色实体的开盘价低于某个重要的支撑水平，但是市场未继续下行，那么肯定能证明熊方已经无力控制市场了。

4，如果在第二天开盘的时候，市场的交易量非常大，那么这里就猛涨。

实战案例：四川圣达（000835）（见图12）：2007年6月13日，股价在18.40元见顶后便勾头向下，过程中虽有反弹，但明显空方占优。至7月4日收盘价为12.45元，已下跌了32%，成交量极度萎缩。但7月5日至7月6日，日线图上突然出现标准的"刺透形态"，股价随后雄起，由10.09元拉升至21.24元，升幅达到了110%。

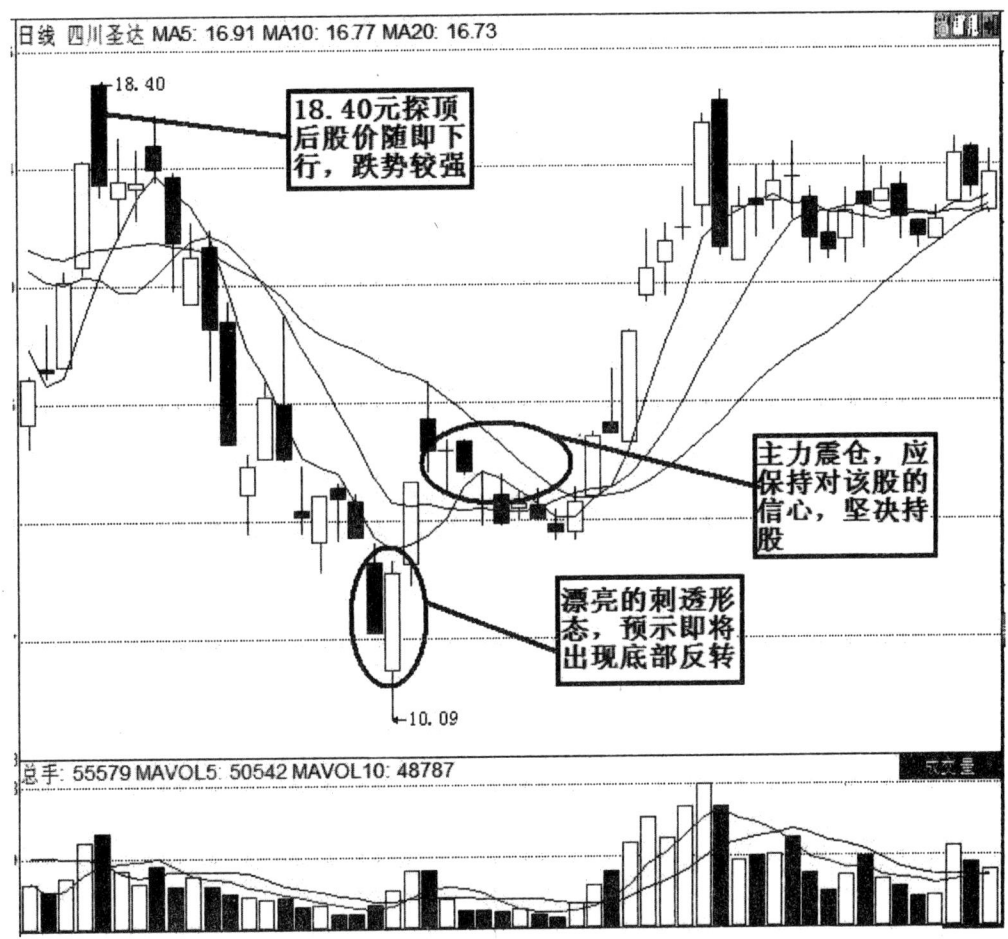

图12：四川圣达曙光初现形态图解

  曙光初现短线买入形态如果在熊市中应用时,注意第二根阳线的最低价必须是13个交易日以来的最低价,这主要是用于避免投资者在熊市中贸然追高,防止增大操作风险。但是,如果市场趋势向好,股市运行在牛市行情中时,投资者则不必过于拘泥这条规则。因为,牛市中股价涨多跌少,如果强调买入13天以来的最低价,就会错失良机。

  需要特别指出的是,用于大盘分析的曙光初现形态的技术要求,与用于个股分析的技术要求有所不同,由于股指包含的市场容量较大,其短期震荡幅度远远小于个股的股价震荡幅度。因此,在分析大盘的K线组合形态时,对技术要求的标准可以适当放宽,只要大致符合"曙光初现"的基本条件就可以。

口诀点金

待入线形态，切入线形态，和插入线形态构造与曙光初现形态时相似的，但是这三种形态第二根K线深入地程度不够黑色实体的一半，在跌势中，他们被看作是继续看跌信号。在涨势中，是上涨信号。待入线形态，阳线的收盘价在阴线收盘价的下方附近。在切入线中，阳线刚刚切入阴线，再插入线中，阳线插入阴线，但不足一般，但比切入线要大一些。

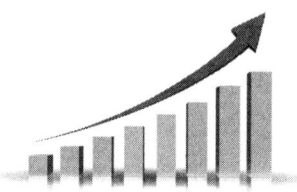

口诀8：底部身怀六甲，试探抢入筹码

口诀要点

口诀中"身怀六甲"指的是孕育线形态。后一根K线的最高价与最低价，均未超过前一根K线的最高价与最低价。其看上去就好像是长K线怀中的胎儿，故而该形态又称身怀六甲形态。该形态的出现，一般预示着市场上升或下跌的力量已趋衰竭，随之而来的很可能就是股价的转势。当孕育线形态出现在底部时，股价就将上扬，是绝好的短线买入时机。

口诀详解

孕育线可以分为三种形态：前一条图线是一条长大的阳线，第二条图线是一条短小的阴线，称为阴孕阳孕育线，简称阴孕育线；前一条图线是一条长大的阴线，第二条图线是一条短小的阳线，称为阳孕阴孕育线，简称阳孕育线；前一条图线是一条长大的阳线（或阴线），第二条图线是一条十字星线，为十字星孕育线，简称星孕育线。

低位出现的阳孕阴孕线（见图13），多为大底信号，孕线过后会出现一波中级以上的上涨行情，投资者应多加关注此处的孕线形态，一旦确认，就应该果断进场，以免错失进货良机。

在实际运用底部孕线的过程中，一定要注意以下几点：

1.是在连续下跌过程中出现的；

2.由两根K线组成；

3.第一根K线为大阳线或中阳线也可以是大阴线或中阴线；

4.第二根K线为实体较短的阳线或阴线；

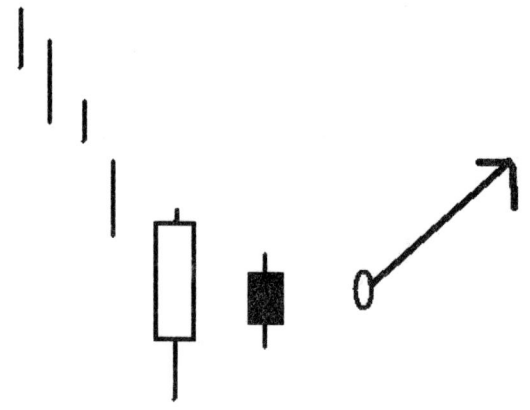

图13：底部孕育线形态示意图

5.第一根K线实体包容了第二根K线的实体；

6.如第二根K线为十字星则为底部十字胎。

孕育线的形态组合也要满足几个特点：

1.第一天的K线的颜色代表市场的趋势。

2.第二天的K线一定要在前一天的K线中。（第一天K线一定要覆盖第二天的K线实体和影线部分）

3.两天的K线颜色一定是相反的。

孕育线分为见顶反击和见底反击两种，孕育线反击与包线类似但不如包线强烈,高位孕育线是明显的见顶信号,在上涨趋势中,收出一根大阳线,反映出多头的趋势，次日开盘股价下行,当天的股价在一个较小的范围内波动,收出一根小阴线,且全部被前一天的大阳线所覆盖,此时的可能是一个仿轴线，而纺轴线就代表了行情的不确定性,这个也是孕育线不如包线反击的力度大的原因之一,次日还不能说明行情就转头了,如果第三天的收盘于更低,说明了孕育线反击意义的成立。

在这里我们重点要讨论的是阴孕阳孕育线。在下跌行情中，先出现一根大阴线或中阴线，第二天是一根高开的较小的实体（阳线阴线无所谓，但多为阳线），且其开盘价和收盘价都在前一个实体范围内，被前者吞没。若第二天是一根十字线，则称为底部十字胎或看涨十字孕线，其看涨意味强于普通孕线。

阴孕阳孕育线是见底反击信号，表示目前市场下跌势头已经趋缓，股价可能横盘整理或见底回升，或者继续下跌空间已不大，市场正积蓄力量，等待机会向上突破。

请注意，孕线所提供的信号，只是"准市场逆转信号"，即在一个强劲的多头市场中，上升时出现孕线，股价并不会马上见顶，仍可能继续上涨；反之，在一个空头力量十分强大的市场中，下跌时出现孕线，股价不会马上见底，仍可能继续下跌。这就是人们通常所说的"涨要涨过头，跌要跌过头"。因而投资者在极强或极弱的市场或个股中见到孕线形态后，不要马上作出买进卖出的决定，可继续留心观察，并结合其他技术指标进行综合分析后，再作定夺。也就是说，除十字孕线以外，孕线看涨看跌的效果要弱于吞没形态，弱于锤子线上吊线，弱于黄昏星启明星形态。

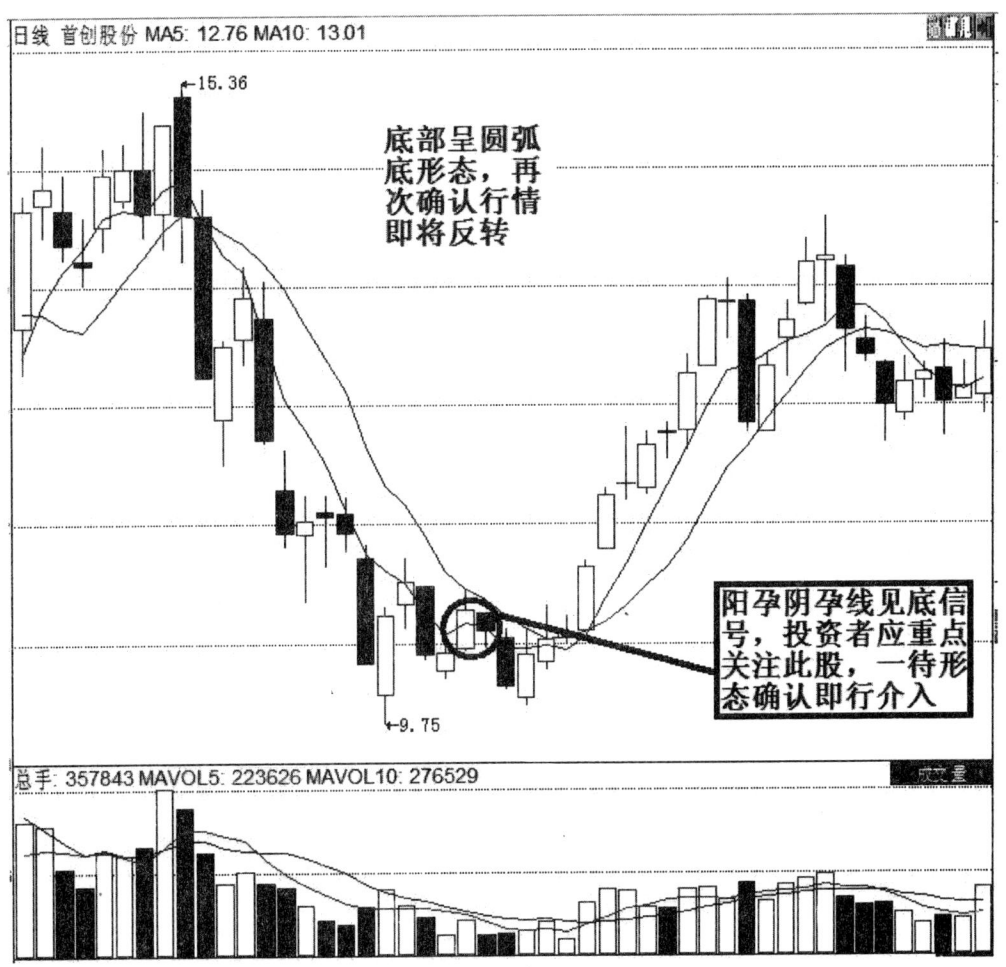

图14：首创股份孕线见底反转图解

例：首创股份（600008）（见图14）2007年7月12日、7月13日两天的蜡烛线构成了底部身怀六甲形态，投资者可重点关注此股，等待行情反转。第三日，该股收出了一根中阳线，随后放量上涨，投资者可进入把握一段主升浪。7月21日，股价跳空上涨，K线图底部出现了一个圆弧底形态，再一次确认了上涨行情，这是一种见底的复合K线语言，到了9月10日，该股已涨至23.95元，涨幅可观。如果你是一个保守的投资者，7月24日买入，也是一个不错的买点。

投资者在操作孕育线和包线必须注意的地方：

（1）操作孕育线要区别孕育线所处在的位置。如果位置判断不准,不论是做多或是做空都会造成不应有的损失。在区分包线位置时,要特别注意处于上升途中的包线和处于高位顶部的包线,这两处的包线最不容易区别开来,不是将上升途中的包线判断为高位的见顶包线卖出了造成踏空损失，就是将高位的包线当成了上升途中的包线持有不动而耽误了最佳卖出时间,同样造成损失。区分这两处的包线没有一个绝对可靠的办法,如果行情已经出现大幅上涨的包线,不管后市是涨是跌,一律按高位的包线对待,迅速卖出。如果上涨的幅度不足时,而当时的趋势又不太坏，则可按上升途中的包线对待，持有待涨或追加买入均可。处于低位的包线和下降途中的包线的区分则和高位的包线同样。

（2）孕育线和包线有时形成连体形态，这不影响对行情的判断，无论是按包线形态进行操作，还是按孕育线形态进行操作，都是可行的。

口诀点金

实战中，成交量的变化对确认孕育线操作有较大影响，投资者应注意分析孕育形形态出现时成交量的变化。如果股价放量之后又大幅度萎缩，则市场趋势改变的可能性较大。

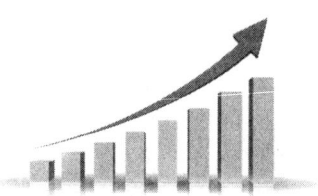